子育て支援カウンセリング

幼稚園・保育所で行う
保護者の心のサポート

石川洋子 編集

図書文化

まえがき

　人が人と理解しあえる瞬間，「あ，わかった」と思える瞬間というのは，素敵な体験です。心がパーッと開き，周囲まで明るくなったような気がします。このような体験は，私たち保育者にとっては相手が子どものこともあれば，保護者ということもあります。こんなやりとりや体験の中で，子どもも私たち大人も，豊かな心を育てていきます。

　最近子育て支援が広がりを見せていますが，保育者の間では「保護者対応がむずかしい」という声も大きくなっています。「子どもとうまくかかわれない，人間関係がうまく作れない保護者が増えているのではないか」という声もよく聞きます。でもこうした状況は，保護者の側からすれば，自分を理解し支えてくれる人を求めているようにも思えるのです。

　本書は，保育を取り巻く厳しい現況の中にあって，保育者が保護者と子どもとのよいかかわりを築き，そして保護者が子どもとよりよいかかわりを築いていくために役立つ心理学やカウンセリングの理論と，対人関係技術をまとめたものです。保育者が，「人と人とのかかわり」を深くし，そのことの素敵さを伝える役割を担っていかなければならないいまの時代に，役立ててほしいと願っています。

　本書の内容は，次のように大きく3つの部分に分かれています。
・Part 1 ― 基本的な考え方
・Part 2 ― 日常的な実践のポイント
・Part 3 ― 開発的な取り組み
　Part 1には，保護者の心を支えることの基本的な考え方やそのため

に必要と思われるカウンセリングや心理学の基本的理論とカウンセリングの技法について書かれています。

　Part 2では，保育所や幼稚園において日常出会うと思われるさまざまな保護者に対する実際的な事例を念頭におき，その実践のポイントをまとめました。日常の保護者とのかかわり方と，養育困難な保護者や障害のある子どもをもつ保護者への支援の方法，そして，精神疾患の疑いのある保護者の理解と対応などです。

　Part 3では，さらなる保護者支援のための知見や親の会等への開発的な取り組み，そして支援をする側の保育者自身，私たち自身の自己成長に向けた姿勢をまとめてみました。

　人は，自分が理解され受容されていると感じると，少しずつ変わっていきます。そして保護者が変わると，子どもも変わります。実際にこういった例を目の当たりにするたびに，人間の心の不可思議さと柔軟性を感じます。私たちは，その人間関係を支え変えていく一翼を担えるのだと思います。人がよりよく変わっていく援助ができるということは，とても素敵なことだと思います

2008年6月

石川洋子

子育て支援カウンセリング
幼稚園・保育所で行う保護者の心のサポート

Part 1 ── 基本的な考え方

第1章●よりよい子育て支援のために ────── 6
1. 保護者の心を支える子育て支援の必要性…6
2. 心の支援に必要なこと…10
3. 支援のためのネットワークづくり…12

第2章●子育て支援に生かすカウンセリングの理論 ── 14
1. 来談者中心療法…14
2. 精神分析…18
3. アドラー心理学…22
4. ユング心理学…26
5. 交流分析…28
6. 行動療法…30
7. 論理療法…32
8. ブリーフセラピー…34

第3章●子育て支援に生かすカウンセリングの技法 ── 36
1. 保育者の専門性としてのカウンセリングのスキル・コミュニケーションのスキル…36
2. カウンセリングのスキル──言葉によるスキル・言葉によらないスキル…38

Part 2 ── 日常的な実践のポイント

第4章●日常の保護者とのかかわり方 ────── 48
1. 保育者の毎日と保護者との接点…48
2. 事例①「うちの子どもがいじめにあっています！」…52
3. 事例②「家ではできるのに！」…54
4. 事例③「サービスするのが仕事でしょ！」…56

5. 事例④「私たち夫婦の時間が大切です」…58
　　6. 事例⑤「あの保育者さん嫌い！」…61
　　7. 保護者とのよい関係を築くために…63

第5章●養育困難をかかえる保護者への支援 ——— 70
　　1. 養育困難のリスク要因とそのあらわれ方…70
　　2. 養育困難に陥りやすい保護者への支援…76
　　3. 虐待が疑われる家庭への支援…82

第6章●障害のある子どもをもつ保護者への支援 ——— 88
　　1. 保護者との信頼関係をつくる…88
　　2. 障害の特性を学ぶことの大切さ…90
　　3. 障害のある子どもをもつ保護者への支援のポイント…100

第7章●精神疾患の疑いのある保護者の理解と対応 ——— 104
　　1. 精神疾患の可能性を考えること…104
　　2. 保護者世代にみられる精神疾患の理解と支援…106

Part 3 —— 開発的な取り組み

第8章●親としての成長を支える ——— 118
　　1. 親になるということ…118
　　2. 共に成長する親同士の関係づくり…121

第9章●子育て支援に生かす構成的グループエンカウンター ——— 124
　　1. SGEとは？——よりよい理解のために…124
　　2. SGEの進め方は？——リーダーの役割，メンバーの役割…128

第10章●親の会へのサポートの実際 ——— 132
　　1. 親の会の運営…132
　　2. 子育ての仲間をつくる——ピアサポートの推進…136

第11章●保育者として自分と向き合う ——— 138
　　1. 保育者同士の関係…138
　　2. 自己と向き合う…140

第1章　よりよい子育て支援のために

保護者の心を支える子育て支援の必要性

　「最近の親は子育ての基本的なことがわかっていない」「子どものことより自分のことばかり」。保育所や幼稚園の先生から，こんな話をよく聞くようになりました。子育てのむずかしい時代といわれていますが，どうしてこんなにむずかしくなってしまったのでしょう。

　社会的原因としては，都市化や環境の変化，少子化や核家族化などがあげられます。保護者の周囲に子どもや子育てをしている人が，あまりいない状況です。子育てに経費もかかるようになりました。お金がかかるとか，収入が追いつかないといった圧迫感もあると思います。また，共働きが多くなっているのに，行政による保育対策や支援はまだ追いついていません。家庭のなかでは，依然として母親の側の負担が大きいままです。父親の子育てへの意識改革についても，企業側，父親・母親の側ともにいま一歩のようです。

　保護者自身がきょうだいの少ないなかで育っていることや，近隣との人間関係の希薄化の影響もあります。いま，子育ての情報は，育児雑誌やインターネットの子育てサイトや掲示板がよく利用されています。子育てが自分の親や周囲の人々から伝えられるものではなく，人を介さず，文字や画像を通して伝えられるようになっているのです。

　子育ては，直観的・感覚的なところがあります。見よう見まねをするなかで得られることが多いのですが，いまはこれがしにくくもなっているのでしょう。

Part 1 — 基本的な考え方

1 子育て支援の二側面

　子育て支援には，子育ての環境を整えるなどの外側からの支援と，保護者として人間としての力を向上させる内側への支援があります。

　外側からの支援には，保育対策，住宅や公園，道路などの環境の整備，児童手当などの経済的支援や情報提供などがあります。子どもに関するさまざまな事柄の核となる総合的な機関などの設置も望まれるでしょう。子育て支援センターや集いの広場などの設置と整備，保育所や幼稚園の一時預かりや，地域への開放なども身近な支援です。さまざまな企業努力も，もっと進められなければなりません。

　でも最近，保育所や幼稚園の保育者にとくに求められている[1)2)]のは，内側への支援です。保護者の心の支援といってもいいでしょう。

　子育ては思ったほど簡単ではありません。子どもは保護者の思うようには動きません。保護者が思うようにさせようとすればするほど，子どもはもっと反発します。

　子育ては人間関係です。人と人とのかかわりです。子どもが小さいうちは世話の部分が多くなりますが，それでも保護者からの世話もしつけも，子どもは親子のかかわりのひとつと感じます。そして，そのやりとりのなかで，子どもは心を育てていくのです。そのため，保護者は人間関係の片側の担い手として，保護者としての自分，人としての自分を振り返り見つめ続けていくことがとても大切になります。

　保護者が自己を振り返り，自己を見つめ，人としての力を上げていければ，ゆとりをもって，子どもの気持ちを考えた子育てにあたれるようになるでしょう。これが心の支援であり，子育て支援の本質です。いまこの大きな役割が，保育者に求められているのです。

---

1) 児童福祉法第18条において，保護者に対する指導が保育士の業務となっている。
2) 学校教育法第24条において，保護者からの相談に応じ，助言を行うことが幼稚園教諭に課せられている。

第1章　よりよい子育て支援のために

❷　心を支える子育て支援とは

　生まれたばかりの子どもは、私たちに感動をくれます。そして、さまざまな感慨をもたらします。それは、「自分の両親もこんなふうに自分を育ててくれたのだ」という感謝の思いもあれば、「自分は可愛がってもらえなかった」というつらい思いのこともあるでしょう。

　だれしも小さいときには、いろいろなことがあります。一人前になって、親や周囲の人々への葛藤を乗り越えたつもりでいても、いざ子どもをもってみると、また小さいころの気持ちがよみがえってくるのです。わが子を見る目に重ねてしまうこともあるでしょう。それは無意識のうちにということもあります。

　わが子を育てながら、自分自身を生き直すのです。そしてそのとき、その複雑な思いをだれかに語りたくなります。保育所や幼稚園の先生に自分のことを聞いてもらいたがるのも、そういうことかもしれません。

　だれかに語るということは、その語った言葉をこだまのように自分自身で聞き直すということでもあります。自己を振り返り、見つめ直すきっかけにもなるでしょう。

　いずれにせよ、人は精神的にも親になっていかなければなりません。さまざまな思いを抱きながらも、子どもを育てる責任ある者として、子どもの前に立たなければなりません。そして自己を振り返りながら、人としての力も上げていかなければなりません。そのためにも、そばに自己を語り、自己を見つめ直させてくれ、モデルとなり、人としての力の向上を支えてくれる「人」が必要なのです。

❸ 心の支え方の基本

　では，保護者の心を支えるためには，保育者はどんなふうにしていけばいいのでしょう。

　私たちは，保護者が自己を振り返り，人としての力を上げる援助をするのに，心の理論やカウンセリングの技法が有効だと思っています。

　カウンセリングの基本原理の1つに，受容と共感的理解があります。また，相手の話を「聴く」ことをとても大切にします。人はだれかに話を聴いてもらい，受容され，共感され，存分に心のなかのものを吐き出せると，自己を振り返り，意識化することができるようになるのです。自分で自分を変えていくこともできるのです。

　カウンセリングとは，「人には自分を理解し，自分を変えていく力がある」と信頼し，その援助をしていくこととされている[3]のです。

　子育てのベテランは，未熟な保護者を見ると，ついアドバイスをしたくなります。「あなたの子育てはここが違う」とお説教をしたり，「あの親は……」とレッテルをはったりもしがちです。

　でも，子育てに四苦八苦している保護者の多くは，二十歳を過ぎた大人です。社会人としての経験もあるし，見栄もプライドもあります。そして，ひょっとしたら小さいころのうっくつした思いももっています。ですから，頭ごなしにお説教をされたり，「間違っている」と言われると，カチンときてしまうのです。心を閉ざしもするでしょう。

　保護者の話に耳を傾けましょう。受容し共感し，自己を振り返る援助をしましょう。そしてそのうえで，小さな提案や視点の変え方を伝えていきましょう。支援とは，保護者自身が自分を見つめ，自分を変えていくのを信じて，支え続けていくことなのです。

3）河合隼雄（監）『臨床心理学』創元社　1995より

第1章　よりよい子育て支援のために

 心の支援に必要なこと

　「人間とは何か」という問いは，私たちの究極の問いかもしれません。そしてこの問いは，「人間の心とは何か」という問いとも言えるでしょう。人はなぜそのようなことを言ったりしたりするのか，その裏側には何があるのか。人とかかわるとき，私たちはいつもこのことを考えさせられます。

　子育ては人間関係です。そしてもちろん，保育者と保護者とのかかわりも人間関係です。心の支援を考えるとき，人間に対する理解，心に対する理解を深めておくことは，とても大切だと思います。

1　心を支援するための基本的な姿勢

　人は，そう簡単な生き物ではありません。単純に見えることもありますが，一筋縄ではいきません。パーソナリティーという言葉は，「仮面（ペルソナ）」という言葉からでたものです。人は外向きに自分を繕う一面がありますが，内側はまた別の一面をもっています。そしてそれらの内面は，他人には見せないようにと思っていても外に出てしまうこともあるし，自分自身，内面に気づかないことも多いのです。

　人の心は複雑です。そして，人は自分の歴史をもっています。また，将来への意志も希望もあります。支援するためには，人の心の理解と，それを見つめるあたたかい姿勢が必要です。

Part 1 — 基本的な考え方

❷ 心の支援に必要な知識

　自分で気づかない内面の世界，無意識の世界を発見したのは，フロイト[4]です。心的外傷体験という言葉がよく使われるようになりましたが，それほど大きなショックではなくとも，体験やいろいろな感情が，無意識のうちに言動に影響を与えることはたくさんあるでしょう。

　その他多くの人が，「心とは何か」の答えを求めて，さまざまな理論を提出しています。また，多くのカウンセリングの方法や心理的治療法が工夫され考案されています。さらに私たちは，後述するような精神疾患に関する知識についても学んでおく必要があるでしょう。

　いっぽう，発達心理学の世界では，小さい子ども期における愛着[5]の形成が重要視されています。自分は特定の人から愛されている，必ず守ってもらえるという確信が心のなかに出来上がることが，その後他者とよい関係を築く基礎となります。そしてこれは，生涯にわたるもの[6]だと言われています。とくに，小さいころにこの確信が得にくかった人は，親になってもこれをさまざまな形で求めます。自分の話を聞いてもらいたいとか，依存欲求が強いとかいう場合は，こんなことも底辺にあるのかもしれません。わが子の愛着形成のためのかかわり方に影響することもあるでしょう。

　人にはさまざまな心の働きがあります。人とかかわるとき，私たちは心に関する知識の引き出しをたくさん用意しておくことは大切です。

　でも実は，事例を前にしたときに，それらのどの知識が有用なのか，または自己の対応のみならず専門家の支援を求めるべきなのか，その判断こそが，とても大切なのです。そこが，保護者の心の支援をする専門家としての専門家たるゆえんであると思います。

4）第2章参照
5）ボウルビィ，黒田実郎他（訳）『母子関係の理論Ⅰ—愛着行動』岩崎学術出版
6）数井みゆき・遠藤利彦（編著）『アタッチメント—生涯にわたる絆』ミネルヴァ書房

第1章　よりよい子育て支援のために

3 支援のための
ネットワークづくり

1 支援は複数で

　「朝,あいさつもしてくれない母親だったが,毎日声をかけているうちに,心を開いてくれるようになった」。こんな言葉を保育者から聞きます。人の心を開くには,カウンセリングの基本である根気強い受容と共感が一つの鍵となります。

　でも,これには時間も労力もエネルギーも必要です。そして,一見してわからなくとも,複雑な心を抱えている保護者もいます。支援は大切ですが,一人でできることには限度があります。よりよい成果を上げるためにも,支援は複数で行いたいものです。

　具体的には,園長や主任の先生と一緒に,あるいは会議などで複数の保育者が共に考え,同じような接し方をしていくということでしょう。個人情報の管理は大切ですが,一人で抱え込むことは適切だとは思えません。保護者への支援の基本姿勢は,保育者一人一人の問題ですが,何か感じたときには,迷わずだれかに相談し,複数で考える体制をとりたいものです。

2 ネットワークづくり

　支援を複数で考えるとき,ネットワークづくりをどう進めていくかが大切です。支援はとても個人的なものです。その個人個人に応じた

Part 1 — 基本的な考え方

対応とネットワークの組み方を考えなければなりません。

ネットワークの第一には，保育所や幼稚園内の支援体制があげられるでしょう。気になる保護者がいた場合，特定の人にのみ負担がかからないよう，素早く体制や連携が組めるよう協議しておかなければなりません。

また，児童相談所や教育相談所，福祉事務所，警察，病院，保健所や保健センター，各種の相談機関，さまざまな自助グループや治療機関，通所・入所施設などとの連携も，しっかり体制化しておかなければなりません。

まだあまり進んではいませんが，地域との連携や保育所と幼稚園，小学校との連携も大切です。真に地域に開かれた保育所，幼稚園となるためには，これを待っているばかりではなく積極的につくっていく努力も必要でしょう。長い目で見れば，保護者の人としての力の底上げもしていきます。

不適切な養育などが疑われる場合には，自治体が独自に設置している地域協議会などのルートにのっていくのでしょうが，できれば，子どもセンター，家庭支援センターといった自治体や地域の核となる機関があると，さまざまな事例の連携もスムーズになるでしょう。

でも大きな問題ばかりでなく，保育者が気になる保護者や気になる子どもの相談，あるいは保育者自身の相談を気軽にもっていける場所があると，保育者の負担感も軽減されます。それだけゆとりをもって，日々の保護者対応にも保育にもあたれるでしょう。

支援のためのネットワークづくりには，保護者支援の視点ばかりでなく，保育者支援の視点も入れることを望みます。

第2章　子育て支援に生かすカウンセリングの理論

1 来談者中心療法

1 非指示的アプローチ

　来談者中心療法は，アメリカの心理学者ロジャーズ（Carl Ransom Rogers）によって創始された，心理療法とカウンセリングの理論・技法です。とくにわが国のカウンセリングには非常に大きな影響を及ぼし，わが国でカウンセリングといえば，多くの人がまず頭に浮かべるのは，この来談者中心療法注です。

　ロジャーズは，最初児童相談所の職員として，専門的な立場から問題点を診断して解釈や助言を行うという，伝統的なカウンセリングを行っていました。しかし，この方法ではうまくいかず，自分自身の問題を自由に語ることで解決につながったある保護者のケースをきっかけとして，彼は次のように考えるようになりました。

　「クライエントは，自分がどうすべきか，ほんとうは自分自身が知っているのだ。つまり，人間にはもともと成長しようとする力が備わっているのである。そして，安全な環境で自分を見つめることができれば，その力が発揮されるのではなかろうか」。

　そして彼は，クライエントが安心して自分の内面を探索し，成長への力が発揮されるためには，カウンセラーが助言を与えるよりも，まずはクライエントの話を傾聴することが重要だと考えました。つまり，単純な受容（相づちを打ちながら聴く），繰り返し，感情の反射，明

注：ロジャーズはカウンセリングよりは心理療法という言葉を多く用いているが，ここではカウンセリングと呼ぶこととする。

Part 1 — 基本的な考え方

確化などの技法を用いて，クライエントの語りに十分に耳を傾けるという，非指示的アプローチが提唱されたのです。

❷　クライエントが変化するための条件とは？

ロジャーズのまったく新しいこの考え方は人気を博しましたが，いっぽうで，「あれは相手の話を繰り返すだけの単純な技法だ」というあらぬ誤解も生じることとなりました。そこでロジャーズは，徐々に技法よりもその背後にある態度を重視するようになります。

そして，1957年に書かれた論文「パーソナリティー変化の必要にして十分な条件」のなかで，彼は次のような主張を展開します。

> カウンセリングのなかでクライエントに建設的なパーソナリティーの変化が起こるためには，次の6つの条件がある期間継続することが必要であり，またそれで十分である。
> ①2人の人間が心理的な接触をもっていること。
> ②クライエントは不一致の状態にあること。
> ③カウンセラーはこの関係のなかで自己一致しており，統合されていること。
> ④カウンセラーはクライエントに無条件の肯定的な配慮を経験していること。
> ⑤カウンセラーはクライエントに共感的理解を経験しており，それをクライエントに伝えるよう努めていること。
> ⑥カウンセラーの無条件の肯定的な配慮と共感的理解が最低限クライエントに伝わっていること。

参考文献：諸富祥彦『カール・ロジャーズ入門』コスモスライブラリー

第2章　子育て支援に生かすカウンセリングの理論

このなかで，カウンセラーの側の条件である，「自己一致（純粋性とも呼ばれる）」「無条件の肯定的配慮」「共感的理解」の3つが，いわゆる「態度の3条件」と呼ばれ，来談者中心療法の最も重要な理論であるとされています。

自己一致（純粋性）とは，カウンセラーが自分自身の感情に気づいており，それを必要に応じて表現できることです。

無条件の肯定的な配慮とは，クライエントの発言や行動のすべてについて，カウンセラーが肯定的に受け止めることです。これはしばしば受容とも呼ばれます。

共感的理解とは，クライエントの内面をあたかも自分自身のものであるかのように感じ取り，しかもこの「あたかも……のように（as if）」という性格を失わないことだとされています。

この3つの態度こそ，流派を超えてカウンセラーに求められる態度であると，ロジャーズは考えたのです。

3　カウンセリングは何をめざすのか

では，カウンセリングによって，クライエントはどのように変化するのでしょうか。

ロジャーズによれば，クライエントとは，自己概念（自分の自分に対する見方）と経験が不一致の状態におかれた人です。例えば，「自分はだれからも好かれないダメ人間である」という自己概念をもったAさんが，Bさんから好意をもたれたとします。すると，不一致の状態にあるAさんはBさんの好意を受け入れることができず，「何かウラがあるにちがいない」などと考えてしまうかもしれません。

しかし，Aさんが一致の状態にあれば，「自分は人に好かれない人

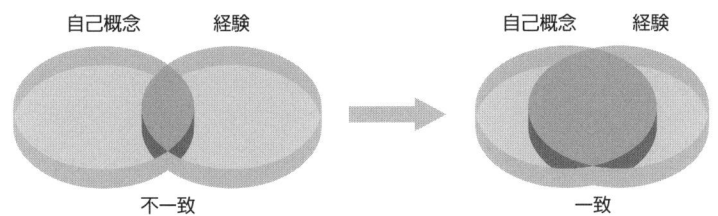

間だと思っていたが，自分に親切にしてくれる人がいるということは，ダメ人間というわけでもないかもしれない」と体験を素直に受け止めることができるでしょう。

　来談者中心療法では，このような自己一致こそが精神的に健康な人の条件であり，カウンセリングがめざすものであると考えます。

4　来談者中心療法から学ぶもの

　私たちが来談者中心療法から学べるもの，それは次の3点ではないかと思われます。

　まず1点目は，傾聴の大切さです。本書の多くの箇所でも述べられているように，どんな場合でも，まずは相手の話を傾聴することが対人援助の第一歩なのです。

　2点目は，人間の成長力への信頼です。いまどれほど大きな問題を抱えた人であっても，必ず成長への可能性を秘めていると確信することが，保護者のもてる力を引き出す何よりの支援になることを忘れてはなりません。

　そして3点目は，保育者にも援助者として自己一致が求められることです。そのためには，さまざまな体験を通してつねに自分自身を振り返り，自己理解を深めようとする姿勢が大切となります。

第2章　子育て支援に生かすカウンセリングの理論

 精神分析

1 無意識の発見

　精神分析は，オーストリアの医師であったフロイト（Sigmund Freud）によって創始された，心理学の一大理論体系です。歴史上，カウンセリングや臨床心理学に最も大きな影響を及ぼした理論であるといっても過言ではありません。

　さて，フロイトの最も大きな功績は，「人間の心には無意識の領域がある」という仮説を打ち立てたことです。つまり，われわれ人間には，「自分でも気づいていない心の領域が存在する」ことを発見したのです。

　フロイトは，ヒステリー（心理的な原因で麻痺などの身体症状が起こる精神疾患の一種）の患者を治療する過程で，この病気が，過去の不快な体験を抑圧することが原因となって起こるものであり，その体験を意識化することによって症状が消えることを明らかにしました。つまり，ヒステリーの背景として無意識という心の領域を想定したのです。

　また，フロイトによれば，錯誤行為（言い間違いなど）や夢も，無意識の表れであると考えました。とくに夢は「無意識への王道」であるとされ，精神分析療法においては夢の分析が重要な治療法とされています。

参考文献：牛島定信『精神分析入門』（財）放送大学教育振興会

❷ 人格を構成する3つの部分

　その後フロイトは，私たちの人格が「エス」「自我」「超自我」という3つの部分から成り立っていると考えるようになりました。

　エスは，現実条件などおかまいなしに常に快感を追い求める，衝動や欲望の固まりのような部分です。つまり，心のなかの「〜したい」の部分であるといえるでしょう。

　その対極に位置するのが超自我です。超自我は，いわば「心の裁判官」のような部分であり，良心や道徳を構成する部分です。心のなかの「〜ねばならない」の部分であるといえるでしょう。

　さて，エスと超自我は人格のなかで正反対の役割を担う部分ですが，どちらもわがままで見境がないという点では共通しています。そこで，ひたすら「〜したい」と訴えるエスと，「〜ねばならない」と押さえつける超自我とをうまくコントロールする部分が必要になります。それが自我です。

　さらに，自我はわがままなエスと超自我以外に，さまざまな現実条件に対処しなければなりません。つまり自我は心の調整役としての役割を果たしているのです。したがって，精神分析では，私たちが精神的に健康で毎日を過ごせるのは，ほかならぬ自我のおかげであり，逆に不適応とは，自我がうまく機能できていない状態であると考えます。

❸ 防衛機制

　さて，調整役としての自我は，自分の心を不安や葛藤から守るために，「防衛機制」と呼ばれるさまざまなメカニズムを用いることが知られています。それらのいくつかをご紹介します。

第2章　子育て支援に生かすカウンセリングの理論

①抑圧：意識に置いておけないような強烈な体験や衝動を無意識の領域に押し込めてしまうこと。
②投影：自分の欲求や感情を相手のものであると知覚すること（例：ほんとうは自分が相手を嫌っているのに，相手が自分を嫌っていると感じる）。
③反動形成：自分の欲求や感情とは反対の態度や行動を取ること（例：嫌いな相手に対してわざとていねいに接する）。
④合理化：ある態度や行動の動機としてもっともらしい理由をつけること（例：食べたかったぶどうに届かなかったので，「あのぶどうは酸っぱいはずだ」と言ったイソップ物語のキツネ）。
⑤昇華：衝動を社会的に望ましい形で表現すること（例：格闘技を見ることで攻撃性を発散させる）。

4　発達と性の理論

ところで，フロイトによれば，人間には生まれながらにリビドーと呼ばれる性的な衝動をもっていると考えました。そして，発達に伴い，リビドーが身体のある部分に集中するというのです。

まず，生後1歳半ころまでは「口唇期」と呼ばれ，リビドーが口唇に集中し，母親の乳房を吸うことで快感を感じる時期です。

1歳半ころから3～4歳ころまでは「肛門期」と呼ばれ，リビドーが肛門に集中し，自分の意志で排泄することに快感を感じる時期です。

3～4歳から6～7歳ころまでは「男根期」と呼ばれ，性器にリビドーが集中し，自慰が見られるとともに，男女の違いに気づきます。

また，この時期には，異性の親に性的な愛着を抱き，同性の親に敵意を抱く，エディプス・コンプレックスを経験するといわれています。その後，このエディプス・コンプレックスを乗り越えることで，同性の親を目標とするようになるのが正常な発達の道筋とされています。

6〜7歳から11〜12歳ころは「潜伏期」と呼ばれ，リビドーがいったん陰に隠れる時期です。その分，勉強や遊びなどのさまざまな活動にエネルギーを注ぐことができるのです。

11〜12歳ころからは再びリビドーが活発になり，性的な興味が高まる「性器期」となります。異性との接触をめざす大人の性の段階です。

5 精神分析のめざすもの

精神分析では，精神的な問題の背景には無意識での葛藤があると考えます。したがって，無意識を意識化することが精神的健康の条件であるとしています。したがって，精神分析では，自分自身の無意識に対する気づきや洞察を重視します。

自分の無意識に気づくことは，それが無意識であるが故にむずかしいものです。そのうえ，無意識に気づくことは，自分の見たくない部分に直面することでもあるので，しばしば痛みを伴います。さらに，気づきは他者から強要されて起こるものではありません。

しかし，何かの折にふと「あぁ，そういうことだったのか」と気づく瞬間があります。そのとき，人は少しだけ精神的に成長するのです。

そして，人が無意識に気づくという困難な作業をなしとげるためには，それをあたたかく見守る他者の存在が必要です。自分一人で無意識に気づくことは困難です。保育者には，保護者の気づきをあたたかく支えることのできる，人間としての広さと深さが求められます。

第2章　子育て支援に生かすカウンセリングの理論

アドラー心理学

1　教育や育児への関心

　アドラー心理学は，オーストリアの医師であったアドラー（Alfred Adler）によって創始された，心理学の理論体系です。

　アドラーは，当初精神分析に関心をもち，フロイトと共に精神分析のサークルで活動していました。しかし，しだいに考え方の違いが明らかになり，フロイトと袂を分かち，個人心理学とも呼ばれる，自身の理論体系を作り上げていきました。

　さて，アドラーは，フロイトや後述するユングと異なり，教育や育児に大きな関心を寄せたことで知られています。彼は，社会を変えるためには教育や育児によって心身共に健康な子どもを育てる必要があると考えたのです。そして，実際にウィーン市に働きかけて現在の児童相談所のような相談機関を作り，子どもや保護者の相談のみならず，教師の研修にまで携わりました。

　まさに，教育相談の父はアドラーであるといっても過言ではないでしょう。

2　基本的な考え方

　アドラー心理学には，次のような基本的な考え方があります。これらは，アドラーがフロイトとの違いを強調した点でもあります。全体

参考文献：ドライカース・ソルツ（著），早川麻百合（訳）『勇気づけて躾ける』一光社

として，精神分析に比べ，人間の意志や主体性を強調した考え方だといえるでしょう。

> ①目的論：人間の行動は過去の原因によって決まるのではなく，ある目的に向かってのものである。
> ②全体論：精神分析のいうように，人間には意識と無意識の葛藤はなく，むしろ全体としてある目的に向かって動いている。
> ③現象学：人間は一人一人自分の見方で物事を解釈している。
> ④対人関係論：人間の行動は対人関係行動であり，特定の相手役が存在する。
> ⑤自己決定性：人間は無意識に振り回される存在ではなく，自分の行動を自分で決めることができる。

3　子どもの問題行動の4つの目的

　アドラー心理学では，人間，とくに子どもにとって最も重要な欲求は所属の欲求であると考えます。つまり，子どもは，「集団（家庭やクラス）のなかで居場所を確保し，自分が大切な存在であることを認められたい」と願っているのです。そして，この欲求が満たされていないと感じたときに，子どもはさまざまな問題行動を起こすのだと考えます。

　アドラーの高弟であり，教育や育児の領域でアドラーの理論を発展させ，体系化したことで知られるドライカース（Rudolf Dreikurs）は，子どもの不適切な行動（問題行動）には4つの目的があると考えました。それらは次のとおりです。

> ①注目・関心を引く：何らかの変わった行動をして親や保育者の特別な注目・関心を引くことで，自分の居場所を確保しようとします。
> ②権力争いをする：「自分は親や保育者よりも強いんだ。だれも自分に言うことを聞かせることはできないんだ」ということを証明することで，居場所を確保しようと考えます。
> ③復讐をする：自分に居場所を与えてくれなかった親や保育者に復讐することで，自分の居場所を確保しようとします。
> ④無気力・無能力を誇示する：「自分は何もできない無能な存在だ」ということを示すことで，居場所を確保しようとします。

4 勇気づけ

　では，このような問題行動に対して，保護者や保育者はどう対処すればよいのでしょうか。アドラー心理学では，「不適切な行動に注目するより，適切な行動を勇気づけなさい」と教えています。

　例えば，いつもは放っておかれるのに，注目・関心を引くために悪さをしたときだけ叱られた（注目された）としたら，子どもは「やはり，変わったことをしなければ注目されないのだな」と学んでしまうことになります。しかし，私たちがその子におくらなければならないのは，「そんなことをしなくても，あなたは大切な存在なのよ」というメッセージなのです。そのためには，ふだんの行動をこそ勇気づけることが必要だと，アドラー心理学では考えるのです。

　ドライカースは，「植物が太陽と水を必要としているように，子ど

もは勇気づけを必要としている。不幸にも，最も勇気づけの必要な子どもが最小のものしか得ていない」と述べています。問題行動を起こす子どもほど，勇気づけを必要としているのです。

では，勇気づけとは，どのような働きかけなのでしょうか。アドラー心理学によれば，ほめることと勇気づけは異なると考えます。

勇気づけとは，①承認や肯定のメッセージを送り続ける，②失敗や短所ではなく成功や長所に目を向ける，③成果ではなく過程を重視する，④他者との比較ではなく個人の成長を重視するなどの働きかけであると考えられます。

5　共同体感覚をめざして

さて，アドラー心理学では，カウンセリングや教育・育児のめざすべきものは，共同体感覚の育成であると考えます。

共同体感覚とは，①他者や世界に対する関心（「自分さえよければ」の反対），②所属感（自分は共同体の一員である），③貢献感（自分は共同体のために役に立つことができる），④協力の態度（競争の反対），⑤他者に対する信頼感や尊敬などが含まれた意識です。

なお，共同体感覚の「共同体」とは，狭くは家族やクラスでしょうが，広くは人類全体，あるいは宇宙全体にまで広がる可能性をもつものであると，アドラーは考えました。

アドラー心理学では，精神的健康のバロメーターは，この共同体感覚であると考えます。共同体感覚の欠如しているところに，さまざまな問題行動，精神病理，非行，犯罪が存在するのだというのです。

筆者もまた，この共同体感覚を育むことこそ，現在の保育や教育に最も必要なものであると思えてなりません。

第2章　子育て支援に生かすカウンセリングの理論

4 ユング心理学

1　2種類の無意識

　ユング心理学は，スイスの医師であったユング（Carl Gustav Jung）によって創始された，心理学の理論体系です。ユングもアドラーと同様，最初フロイトと共に精神分析の研究に携わりましたが，その後考え方の相違が生じ，分析心理学とも呼ばれる独自の理論を作り上げていきました。

　ユングとフロイトとの大きな違い，それは無意識に対する考え方です。ユングによれば，人間の心には，フロイトが想定する個人レベルの無意識（個人的無意識）のさらに深層に，人類共通の無意識（集合的無意識または普遍的無意識）が存在すると考えたのです。そして，集合的無意識は，私たちの見る夢やイメージとして，あるいは神話や伝説として，さらには精神病者の妄想や幻覚として，私たちの目に見える形で表れるとしています。

2　元　型

　ユングによれば，普遍的無意識のなかには，元型と呼ばれる，人類に共通する目に見えない型のようなものが存在すると考えます。それらが，私たちのイメージや昔話などとして表現されるというのです。

　代表的な元型には次のようなものがあります。

参考文献：河合隼雄『ユング心理学入門』培風館

> ①影：意識では認めがたいその人の部分（例：物静かな人にとっての攻撃性）
> ②アニマ：男性の無意識のなかにある女性像
> ③アニムス：女性の無意識のなかにある男性像
> ④グレート・マザー（太母）：子どもを産み育てる側面と，子どもを飲み込み自立を妨げる側面の両面をもった母親のイメージ（例：昔話に登場する恐ろしい母親）
> ⑤老賢者：自己（後述）の象徴として表れる老人（例：おとぎ話で主人公が困ったときに道を指し示す白髪の老人）
> ⑥自己：意識と無意識を合わせた心の中心

3　心の全体性を求めて

　ユング心理学では，意識と無意識，男性にとってのアニマや女性にとってのアニムスなど，人間の心のなかには相反するものが必ず存在し，それらを統合することが成長につながるのだと考えます。そして，心の全体性の象徴として，密教に伝わるマンダラをあげています。

　また，ユング心理学で重視するのがイメージです。したがって，ユング心理学によるカウンセリングでは，大人では夢分析が，子どもでは箱庭療法や絵を用いた方法がしばしば用いられます。

　保育者が夢分析や箱庭療法に携わることはまずありません。しかし，ユング心理学を学ぶことで，言葉以外の表現に対する感受性を磨くことができるとともに，自分自身を含めた人間の心の奥深さについて理解することができることでしょう。

第2章　子育て支援に生かすカウンセリングの理論

5　交流分析

1　精神分析の口語版

　交流分析は，アメリカの精神科医，バーン（Eric Berne）によって創始されたカウンセリングの理論および実践体系です。「精神分析の口語版」とも呼ばれるように，精神分析がもとになっているものの，人間関係（交流）に焦点を当てたわかりやすい理論が特徴です。

　交流分析では，人にはストロークと呼ばれる「自分の存在を認められたいという欲求」があるとしています。ストロークには肯定的，否定的，条件つき，無条件などの種類があります。人にとってストロークは，心の食事とでも呼ぶべきなくてはならない存在です。

　また，人は自分と他人に対して，OKかOKでないかという基本的構えをもっており，①自他肯定，②自己否定・他者肯定，③自己肯定・他者否定，④自他否定の4種類があるとされています。

2　構造分析――5つの私

　さて，交流分析では，人は親の部分（P），大人の部分（A），子どもの部分（C）という3つの自我状態をもつとしています。さらに，Pについては批判的なP（CP）と保護的なP（NP）の2つの面が，Cについても自由なC（FC）と順応したC（AC）の2つの面があるとされます。つまり，私たちの心は5つの部分からなっており，この

参考文献：杉田峰康『交流分析のすすめ』日本文化科学社

5つのバランスでその人の性格が決まると考えるのです。この考え方を,「構造分析」と呼んでいます。

　個人の自我状態は,エゴグラムと呼ばれるグラフで表現されます。とくに最近は,エゴグラムを作成するための質問紙法テストがしばしば用いられています。

③　交流パターン分析・ゲーム分析・脚本分析

　自我状態が明らかとなったら,次は他者との交流パターンを分析します。交流パターンには,①相補的交流（お互いのメッセージがかみ合っている）,②交差的交流（かみ合っていない）,③裏面的交流（メッセージに隠れた意味が存在する）,の3パターンが存在します。

　また,交流分析ではいつも不快な感情と共に非生産的な結末に終わる交流パターンを「ゲーム」と呼び,やはり分析の対象とします。

　さらに交流分析では,人には「脚本」と呼ばれる幼児期に身につけた無意識の人生計画があるとしています。そして,交流分析の究極の目標は,この「脚本」を理解して修正し,よりよい人生を送ることであるとされています。

④　交流分析から何を学ぶか

　交流分析を学ぶにあたっては,まずはエゴグラムを作成することで,自分自身の性格についての理解を深めることができます。エゴグラムについては,参考文献をご参照ください。

　さらに,交流パターン分析やゲーム分析によって,慢性的な人間関係のトラブルについてもその原因や適切な対応策を見出すことができるでしょう。

第2章　子育て支援に生かすカウンセリングの理論

6　行動療法

1　行動へのアプローチ

　行動療法は，学習理論（後述）に基づいた心理療法の理論と技法です。ほかの多くの理論とは異なり，特定の創始者は存在しません。
　行動療法の最大の特徴は，「心」という曖昧な対象ではなく，観察可能な「行動」を扱うことです。そのため，客観性や実証性を何よりも重視します。
　また，行動療法では，問題行動は，①誤った学習の結果か，あるいは②望ましい学習をしていないことの結果であると考えます。したがって，行動療法がめざすのは，①誤った学習を取り除くか，②望ましい学習をさせるかのどちらかです。

2　学習理論

　行動療法が依拠する学習理論の代表的な考え方には，大きく分けて「レスポンデント条件づけ」「オペラント条件づけ」「モデリング」があります。
　レスポンデント条件づけとは，いわゆる条件反射として知られているものです。犬に音（条件刺激）を聞かせながらエサ（無条件刺激）を与えるという手続きを繰り返し行うと，しだいに犬は音を聞かせただけで唾液を出すようになります（条件反応）。条件刺激と無条件刺

参考文献：小野昌彦（編集代表）『行動療法を生かした支援の実際』東洋館出版社

激を同時に繰り返し提示することによって，条件刺激と条件反応が結びついて学習が成立したと考えるのです。

いっぽう，オペラント条件づけとは，ある自発的な行動に対して強化子（報酬）を与えると，その行動を繰り返すというメカニズムです。たまたま立ち上がったアシカにエサを与える作業を繰り返すことで，アシカは立ち上がるという行動を学習するわけです。

さらに，モデルを観察して学ぶのがモデリングです。

3　行動療法の技法

行動療法には，実にさまざまな技法が存在しますが，ここでは，オペラント条件づけを生かしたトークンエコノミー法をご紹介します。

例えば，15分間着席していたら台紙にシールを1枚はります。そして，シールが10枚たまれば好きなおもちゃで遊ぶことができるとします。このように，トークン（代用貨幣）を用いて望ましい行動の学習を促すのがトークンエコノミー法です。

この方法をはじめとして，行動療法の技法のなかには，むずかしい言葉を使わなくても，保育者や保護者が日常のしつけのなかで使っている技法が数多く存在します。そのような働きかけを，きちんとした科学的な手続きを踏んで行おうとするのが，行動療法なのです。

4　保育者にとっての行動療法

行動療法は，とくに障害のある子どもの援助に大きな効果を上げています。

行動療法を学ぶことは，保育者が子どもの行動を客観的に理解し，科学的に支援のあり方を考えるトレーニングになることでしょう。

第2章　子育て支援に生かすカウンセリングの理論

論理療法

1　ABCDE 理論

　論理療法（理性感情行動療法とも呼ばれる）は，アメリカの臨床心理学者エリス（Albert Ellis）によって創始された，カウンセリングの理論と技法です。「認知（ものの考え方）」に焦点を当てるという点で，現在大きな注目を集めている認知行動療法と軌を一にしています。

　私たちの多くは，深刻な悩み，怒りなどの強い否定的な感情，あるいはそれに伴う望ましくない行動（C：Consequence）は，ある不快な出来事（A：Activating event or experience）を経験した結果として，自動的に起こると考えられています。しかし，論理療法では，出来事と悩みの間にはある信念や思い込み（ビリーフ　B：Belief）があり，このビリーフこそが悩みの源泉なのだと考えます。

2　2種類のビリーフ

　ビリーフには，大きく分けて2種類あります。

　まず，私たちの目標達成に貢献し，私たちに幸福をもたらすビリーフがあり，これは「ラショナル・ビリーフ（rB：合理的な信念）」と呼ばれます。その特徴は，柔軟で論理的・現実的であることです。

　それに対して，目標達成を妨害し，不幸な結果をもたらすビリーフは，「イラショナル・ビリーフ（iB：非合理的な信念）」と呼ばれます。

参考文献：ドライデン（著），國分康孝ほか（訳）『論理療法入門』川島書店

絶対的で柔軟性に欠き，非論理的であり，現実にそぐわないのがその特徴です。

つまり，論理療法では悩みの原因を iB だと考えるのです。そして，論理療法のカウンセリングは，iB に反論を加えて（D：Dispute）rB に置きかえ，望ましい感情や行動を獲得する（E：Effect）ことがその目標となります。

3　典型的なイラショナル・ビリーフ

私たちの多くが抱きがちな iB には次のようなものがあります。

① 「失敗すべきではない。失敗したら人生は終わりである」
② 「相手はつねに私の望むとおりに行動すべきである」
③ 「他人から嫌われるべきではない」

では，これらを rB に置きかえるとどうなるでしょうか。①についてだけ見てみましょう。

① 「失敗しないに越したことはない。しかし人間は神ではないのだから失敗して当然である。失敗から何を学ぶかが大切なのである」。

②と③については，ぜひ読者の皆さんで考えてみてください。

4　論理療法で心の健康を

私たちは，日々さまざまなストレスにさらされています。しかし，現実を変えることは多くの場合困難です。

そんなとき，自分自身の心の健康を保つための手段として，この論理療法を大いに活用したいものです。

第2章　子育て支援に生かすカウンセリングの理論

ブリーフセラピー

1　問題と解決とは別である

　ブリーフセラピーとは，効果的・効率的なカウンセリングのあり方を追究しようとする理論・技法であり，催眠を用いた卓越した治療を行ったことで知られるアメリカの精神科医エリクソン（Milton H. Erickson）に何らかの影響を受けたものです。ひとくちにブリーフセラピーといってもいくつかの流れが存在しますが，最近わが国で大きな関心をもたれているのは，「解決志向」（あるいはソリューション・フォーカスト・アプローチ）と呼ばれるモデルです。

　その魅力は，常識はずれの発想にあります。「問題と解決とは別である」「解決のために問題や原因を追究する必要はない」と考えるのです。

　このモデルで話題にするのは，「何が原因か」「どこに問題があるのか」といったプロブレム・トークではなく，「どうなりたいのか」「解決したらどうなるか」というようなソリューション・トークです。

　解決志向ブリーフセラピーではまた，問題ではなく問題が起こっていない例外のなかにこそ，解決のカギが潜んでいるとも考えます。

2　解決を作り上げる質問技法

　解決志向ブリーフセラピーの技法上の大きな特徴は，傾聴だけではなく，積極的に質問を用いることです。解決志向ブリーフセラピーで

参考文献：森俊夫・黒沢幸子『森・黒沢のワークショップで学ぶ解決志向ブリーフセラピー』ほんの森出版

用いられる質問技法には，次のようなものがあります。

> ①解決像を尋ねる質問：「問題が解決したらどうなっていますか？」などと，解決後のイメージについて尋ねます。
> ②例外を尋ねる質問：「最近，問題がなかったり少しでもましだったりしたときはどんなときでしたか？」と，問題の例外について尋ねます。
> ③スケーリング・クエスチョン：「状況が最悪だったときを『1』，問題が解決したときを『10』とすると，いまはいくつですか？ また，いまよりも数字が1つ上がったらどうなっていますか？」などと尋ねます。
> ④コーピング・クエスチョン：つらい状況が語られたときに，「そんなに大変ななかで，どうやって生活しているのですか？」と尋ねます。

これらはすべて，実は後述するリソースについて尋ねているのです。

❸ 解決の第一歩はリソース探し

　解決志向ブリーフセラピーには，「人は必ず問題を解決するためのリソースをもっている」という大前提があり，その人の内外にあるものすべてがリソースになりうると考えます。一般には短所や欠点と思われるもののなかにも，実はリソースが潜んでいます。例えば，落ち着きのない人のリソースは，何といっても活発であることです。
　問題のある子どもや保護者のリソースを宝探しのように見つけ出すことこそ，解決に向けた援助の第一歩となるのです。

第3章 子育て支援に生かすカウンセリングの技法

1 保育者の専門性としてのカウンセリングのスキル・コミュニケーションのスキル

　見た目には明るく楽しく振る舞っているようでも，心の内に人間関係（ふれあうこと，心の交流）のむずかしさ，寂しさ，不安，不満を抱えている人が増えています。子ども（思春期・青年期）の3人に1人が「私は孤独で寂しい」と感じています[1]。人間関係をつくるのが下手，なじめない，存在が認められていない，居場所が見つけられないなどがその理由です。保護者も同様で，「自分は子育てに向いていないかもしれない」「もしかしたら自分は十分に子どもを愛していないかもしれない」という不安を抱えて悩んでいます[2]。悩みや不安があっても，だれにも相談せずに「自分自身」で，「インターネットやブログ」をよりどころにして解決しようとする母親も増えています。

　人間関係（ふれあうこと，心を交流しあうこと）は生きる喜び，幸せの源であるはずですが，現状では，信頼し安心できる関係が築けず，悩み，傷つき，押しつぶされそうになっている人が増えています。

　これ以上傷つき悩む子どもや保護者が増えないようにするためにも，良い出会い，ふれあい，あたたかい交流を育みたいものです。

❶ ふれあいを通して人は成長できる。問題の予防ができる

　「人は他者指向性をもつ存在であり，人は愛を求めている。それが得られないから問題行動が生じるのである。人が不安になるのは愛が脅かされるときであり，愛の欲求不満状態が憎しみである」[3]と精神分

---

1) 参考文献：国連児童基金（ユニセフ）「子どもの幸福度調査」2007
2) 参考文献：山岡テイ「子育ての悩みとしつけ」ベネッセ未来研究センター編『第2回子育て生活基本調査報告書（幼児版）：幼稚園児・保育園児の保護者を対象に』ベネッセコーポレーション　2004

析学者サティは述べています。精神科医ロスは「自分を好きになること，自分自身を愛すること，あるがまま，ありのままを受け止めることが大切である」[4]と語っています。

　子育て支援のめざすところは，親や子がサティやロスのいう「愛」（豊かな交流やふれあい，あたたかいコミュニケーション）に包まれることにより，問題の芽に気づき，その解決を通して大きな問題の発生を予防することです。つまり，保護者が自らの子育てを振り返り見つめ直すゆとりを得ることであり，あるがままを受け入れ，ありのままの自分が好きになり，自分を信頼し他者を信頼し，相互信頼を築くことにより豊かな子育てを実現することです。さらに，自らを見つめ直すことを通して，親として人間として成長することです。

　ふれあいやコミュニケーションが変われば，親が変わります。子どもも変わります。問題の発生の予防もできます。これが保育者の専門性としてカウンセリングの技法を学ぶ意義です。

❷　「園の先生（保育者）」は信頼できる相談相手

　「子育て」に気がかりや迷い，悩みはつきもので，保護者はたえず何らかの問題や気がかりを抱えているといってもよいでしょう。

　多くの保護者は身近なところに気軽に相談できる相手を求めています。とくに「園の先生（保育者）」は多くの保護者から「信頼して」「安心して」相談ができる相手[5]として期待されています。

　どの保護者も，いつでも安心して信頼して相談できるよう，保育者は「開かれた心・開かれた姿勢」であることが求められます。

3）参考文献：サティ，I. D.（著），國分康孝・國分久子・細井八重子・吉田博子（訳）『愛憎の起源』黎明書房　2000
4）参考文献：キューブラー・ロス，E.『人生は廻る輪のように』角川書店　1998
5）参考文献：山岡テイ，前掲書

第3章　子育て支援に生かすカウンセリングの技法

2 カウンセリングのスキル
――言葉によるスキル・言葉によらないスキル

　ここで紹介するカウンセリングの技法（スキル）[6]は，カウンセリングの基本的なスキルであり，コミュニケーションのスキルです。これらは特殊なものでもむずかしいものでもなく，日常の生活にも保育にも生かすことができるスキルです。アメリカの小中学校では「よりよい人間関係を築くための効果的なコミュニケーションのスキル」としてカウンセリングの基本スキルを学んでいます。

　スキルとは技法・技術です。練習と経験によって身につけることができますので，まず保育者がカウンセリングのスキルを学び，出会い・ふれあい・コミュニケーションを豊かに築くモデルとなって，子どもや保護者に伝えていきたいものです。保育者をコアにして，子どもも保護者もこれらのスキルを身につけることができれば，保護者の家族，保護者同士，地域の人たちとのふれあいや交流が豊かになります。

1　カウンセリングとは

　カウンセリングとは「言語的，非言語的コミュニケーションを通して，行動の変容を試みる人間関係である」[7]と國分康孝が定義しているように，カウンセリングの技法には言語的技法（言葉によるコミュニケーションのスキル）と非言語的技法（言葉によらないコミュニケーションのスキル）があります。いずれもよりよい人間関係を築くためのコミュニケーションのスキルで，受容・共感のスキル，問題の把握

6）注：「技法」については「スキル」と表記します。
7）参考文献：國分康孝「カウンセリングの原理・基礎」日本教育カウンセラー協会編『教育カウンセラー標準テキスト初級編』図書文化社　2004

のスキル，人としての成長をめざすスキルなどです。

❷ 言葉によるメッセージ・言葉によらないメッセージ

コミュニケーションというと「言葉を使って話をする」が思い浮かびますが，私たちは「言葉以外」（外見・表情・話し方・身振り・からだに触れる・対人距離など）でもきわめて多くのメッセージを相手に送っています。例えば，相手の「言葉以外」から違和感や否定的なメッセージが伝わってくると，相手への心からの安心や信頼は生まれません。たとえ言葉で「安心してください」「一緒に考えていきましょう」と伝えても，言葉のメッセージ（伝えたい内容）が伝わらないことになります。自分自身がどのような非言語的メッセージを送っているかを十分に意識し振り返ること，言語的メッセージと非言語的メッセージの不一致が起こらないようにすることが大切です。

（1）外見・話し方・表情・視線・身のこなし（手振り・身振り）

コミュニケーションの大半は非言語的メッセージによるといわれているように，外見（見た目）は第一印象を左右します。なかでも影響力があるのは表情や視線（ほほえみ・目の動き・口の形・うなずき方など）です。厳しい表情や無表情，イライラやセカセカが表れるような身のこなしでは「ちょっとお話してもいいですか」「お時間を取っていただけますか」と言いにくくなりますので気をつけたいものです。

（2）対人距離・向かい方・座り方

人と人の間の距離のとり方，向かい方・座り方は安心や親密感を伝えます。正面から対面するよりも横並び（90〜120度の向かい方・座り方）のほうが話しやすい雰囲気になります。圧迫感が少なく，視線の置き方，やりとりが自然に行えますので，横並びをおすすめします。

第3章　子育て支援に生かすカウンセリングの技法

（3）言葉によらないカウンセリングのスキル

　私たちは言葉によるメッセージ（話の内容・話術）に重点をおきがちですが，「言葉以外のメッセージ」もカウンセリングのスキルです。保護者が安心して話ができるような外見・非言語的メッセージを心がけて，誠実性や熱意が伝わるようにしたいものです。

3　良い聴き手になる～「聴く力」を高める

　カウンセリングの第一歩は「聴くこと」「傾聴」です。これは受容・共感・支持・尊重にかかわるカウンセリングの基本的なスキルで，耳と目と心を傾けて聴くこと，「聴（聞）き上手」になることです。
　「聴き上手」は，話し手が話しやすいように「受け応え」ができる人で，その人の前では安心して自分の思いを話すことができ，話をしたあとに満足感が残ります。つまり「よく聴く」とは「受容・共感・支持・尊重」が生まれるように聴くことであり，「受け応え（応答）」がうまくできるかどうかが重要なポイントになります。聴き上手の人はカウンセリングでいう「レスポンス（応答）」の仕方が絶妙なのです。次に述べる「うなずく・相づち・繰り返し・鏡になる・開かれた質問・私メッセージ」などが「応答」にかかわるスキルです。
　「聞き下手」は，話し手が楽な気持ちで話すことができず，話したいと思っていたことが話せないままになるなどの不満感や未完了感が残ります。「聞く」ことはできても，「聴く」ことはむずかしいのです。
　「応答（レスポンス）」は「よく聴く」にかかわる重要なスキルです。「応答」の仕方で話しやすくなったり，話したことの満足感が得られます。保育の現場では長い面談時間を設けることがむずかしいと思いますので，たとえ1～2分の立ち話であっても，「親身になって聴い

てもらえた」「話ができてよかった」「気持ちがすっきりした」「また話をしたい」と感じてもらえるよう「聴く力」を高めていきましょう。

聴く力が高まれば、「受容・共感・支持・尊重」が豊かにある人間関係が築けるようになり、信頼関係が深まり安心感が生まれます。まず「聴く」スキル、「応答」のスキルを身につけたいものです。

以下では、Aさん（B子ちゃんのお母さん）と保育者の立ち話を想定して、カウンセリングの「言葉によるスキル（言語的技法）」について考えていきます。

❹　リレーション（関係）を築く～「うなずく・相づち」

「ちょっとお話をしてもいいですか」
「B子のことですが、最近ワガママが激しくなって困っています」とAさんが話し始めました。

日ごろ話をすることが少ない保護者であればあるほど、このような機会は逃さないようにしたいものです。たとえ1～2分しか話ができないと思っても、仕事の手を休めて「大丈夫ですよ」「どうぞ」とAさんの方に身体を向け、傾聴の気持ちが伝わるようにやや前傾気味の姿勢で、Aさんと並ぶように立ちましょう。そうすればAさんとの距離も縮まりますし、対面するよりもAさんは話しやすくなります。

そして「そうですか」「うん、うん」「なるほど」「それで」と深くうなずきながら、相づちを打ちながらAさんの話を聴いてください。

「うなずく」「相づち」は「応答」のスキル、「受容」のスキルです。タイミングよくうなずいたり、相づちを打ってもらえると話しやすくなり、「しっかり聴いてもらっている」と感じてもらえます。「また話を聴いてもらいたい」とAさんに感じてもらえれば、次につながり

第3章　子育て支援に生かすカウンセリングの技法

ます。「続きは明日に聴かせてくださいね」と約束することもできます。

5　「繰り返し」は最高の相づち

　次に身につけてほしいのが「繰り返しのスキル」です。「繰り返し」も「応答」のスキルで，受容・共感・支持にかかわるスキルです。相手の話が一段落するまでしっかり聴き，そのうえで，相手の話の要点，相手が伝えたいと思っているところを「相手の使った言葉で」「短く」「わかりやすく」「要点をつかんで」繰り返すことです。これが1つ目のポイントです。2つ目のポイントは「非難も判断も評価もしない」です。

　Aさんの話を「そう」「そうですか」と相づちを打ちながら，「B子ちゃんのワガママが激しくなって困っておられるのですね」とAさんの言葉をそのまま使って要点を繰り返すようにしてください。相づちだけでなく，要点を繰り返してもらえば，しっかり聴いてもらっているという安心と信頼が深まり，話の続きを聴いてもらいたいという気持ちが生まれます。保育者の応答を受けて，Aさんは先ほどの続きを話し始めました。

　「そうなんです。この間スーパーでとても恥ずかしい思いをしました。B子がお菓子をつかんで離さないのです。『このお菓子は甘すぎるからダメよ。お家に帰ったらお母さんが作ったクッキーがあるでしょう』と言い聞かせたのですが，大声で泣き出してしまい，周りの人にジロジロ見られるし，お菓子は買うことになるし，さんざんでした」と一気に話されました。

　「B子ちゃんに大泣きされたり，ジロジロ見られたり，さんざんでしたね」「Aさんの手作りのクッキーがお家にあったのにね」とAさ

んの言葉を使って要点を繰り返しましょう。

　非難も判断も評価もせずに聴くとは，ありのままを受け止めるということです。そうすれば，Aさんにスーパーでの出来事を客観的に振り返る気持ちのゆとりが生まれます。「手作りのクッキーを作った」ことが認められれば，保育者への安心感信頼感が深まり，さらに深い話をしようという気持ちにつながります。Aさんのうっぷんを晴らすこと（カタルシス）もできます。

6　相手の気持ち（感情）を映す鏡になる

　「繰り返し」のスキルの3つ目のポイントは「相手の気持ち（感情）を映す鏡になる」「相手の感情をあらわす言葉を繰り返す」です。4つ目のポイントは「話の冒頭や中間部よりも，話の末尾の言葉を繰り返す」です。5つ目のポイントは「全文（長文）をそのまま繰り返さない」「自分の言葉に変えない」「専門用語に置き換えない」です。

　Aさんの話は「さんざんでした」という言葉で一段落しましたので，話し終えたAさんの心の中には「さんざんだった」という感情がリフレインしているはずです。その感情に合致するように「さんざんでしたね」と深くうなずきながら繰り返してください。鏡に映すように繰り返されることで，自分の気持ち（感情）と向き合うことができます。そして，自分の気持ち（感情）を再確認し見つめ直すことができます。また，自分の気持ち（感情）を非難も判断も批評もされることなく，ありのままに，共感をもって，鏡に映すように聴き続けてもらうことにより，話し手のありのままの心が開かれていきます。Aさんも心の中に閉じ込めていたこと（不安・気がかり）を話されました。

　「この間は，B子の大泣きがなかなか収まらなかったので，思わず

B子の顔を平手で打ってしまいました。それ以来，B子は私の顔色を見ながら行動するように思えます。園での様子はいかがでしょう」と。

７　質問力を高める～自己理解を促す

　次に身につけてほしいのは「質問」のスキルです。質問は相手への関心，相手の話への関心を示すことになります。共通理解につながるような質問，相手の自己理解が進むような質問，相手が自分自身や自分の問題を振り返ることができるような質問などがありますので，質問を適度にはさみながら聴くとよいでしょう。しかし，質問の仕方によっては，興味本位で質問されているように受け取られる場合があります。質問によって相手の気分を害することになり，開いていた心が閉じることもありますので，十分に注意する必要があります。

　質問には「開かれた質問」「閉じた質問」の２タイプがあります。「閉じた質問」よりも「開かれた質問」ができるようにしましょう。

（１）「閉じた質問」の多用は要注意！

　「閉じた質問」とは「はい・いいえ」「うん・ううん」や「○○」とひと言で答えられるような質問です。閉じた質問を立て続けにされると，質問された人は尋問されているように感じる場合があります。質問によっては，話し手が話したいと思っていた内容が話せなくなったり，話し手の思いとずれることがありますので，次のような「閉じた質問」「誘導する質問」をしたくなるときは要注意です。

　「AさんはB子ちゃんをかわいいと思っていますか？」

　「Aさんは自分の親にたたかれたことがありますか？」

　「AさんがB子ちゃんをたたくのは今回だけではないでしょう？」

　これらの質問はAさんが話そうと思っていた話の流れやAさんの

気持ち（感情）の流れを止めてしまいます。保育者を信頼して自分の気持ちを開き始めていた場合には，その流れを壊すことになります。

とくに最後の「～でしょう？」は相手を誘導する質問で，相手の気持ちや行動を推測して質問していますので，質問された人が「不十分さを指摘されている」「非難されている」と感じた場合には，心を閉じて，守りの態勢に入ってしまいます。決してよい結果を生みません。

「閉じた質問」をするときは，ここでその質問をする必要があるのかないのかよく考えたうえで質問をするようにしたいものです。

（2）「開かれた質問」を心がける

質問をするならば，相手が自分の思いを自由に述べることができる「開かれた質問」を心がけたいものです。相手がどう思っているかを知る一番良い方法は「～について，あなたはどう思いますか」という聴き方です。このほうが相手の考えや気持ち（感情）の流れがよくわかります。また，AさんはB子ちゃんのことが心配になって思い切って相談されたと思いますので，まずは「よく話しかけてくださいましたね」「B子ちゃんのことをとても心配しておられるのですね」とAさんの気持ち（心配や気がかり）を受け止め共有しあう気持ちを伝えたいものです。「私もB子ちゃんについて心してかかわっていきます。一緒に考えさせてください」と。そのうえで「B子ちゃんはAさんの顔色を見ながら行動するということですが，もう少し詳しく聴かせてくださいね」「B子ちゃんの様子はどのようですか？」「そのときのB子ちゃんについてどう思われますか？」と「開かれた質問」をしましょう。平手打ちを非難せず叱責せずに，Aさんの気持ちをよく聴くようにすれば，Aさんの心はさらに開かれていくでしょう。

第3章　子育て支援に生かすカウンセリングの技法

8　私メッセージ・あなたメッセージ

　自分の気持ちを伝える方法に、「私メッセージ」と「あなたメッセージ」があります。

（1）「あなたメッセージ」の多用は要注意！

　「あなたメッセージ」は「あなたは～」と「あなた」を主語にして話をする方法です。「あなたメッセージ」は，相手の気持ちや意図を推測して，相手に行動の修正を求める場合が多く，「叱る・非難する・注意する・お説教をする・助言をする・激励する」などはおおむね「あなた」メッセージになりがちです。

　「あなた（Ａさん）はＢ子ちゃんに厳しくしておられるのですね」
　「あなた（Ａさん）は自分の理想を子どもに求めていませんか」

　上のように「あなたメッセージ」で先取りをして言われると「自分で考えよう」としているＡさんの気持ちを委縮させてしまいます。簡単に決めつけないでほしいと思って，それ以上話をするのを止めることにつながるかもしれません。「あなた」を主語にする話し方は要注意です。「私」を主語にする話し方に切り替えたいものです。

（2）「私メッセージ」を増やしましょう

　「私メッセージ」は「私は～」と「私」を主語にして話をする方法です。相手の気持ちや意図を推測せずに，「私はこういう体験をした」「私はこう感じる」と聴き手が自分自身について語ること（自己開示）を通して，話し手が前向きに積極的に自分を振り返り，見つめ直すことを促すことです。カウンセリングもコミュニケーションも原点は「受容・共感・共有」です。その視点からも，「私メッセージ」は身につけたいスキルです。例えば「私は小さいときに母親にたたかれたこ

とがあります。私は意地っ張りで頑固だったので母を随分困らせたようです。母は私を育てるのに苦労したと言っています」など，自分自身の体験の自己開示をして，その後で「（私は）B子ちゃんについてまだよくわからないことがありますので，もう少し詳しいことを（私は）聞かせて頂きたいのですが……」とAさんに伝えたいものです。

（3）シェアリングする・シェアし合う

　一方だけが「話し手」になるのではなく，お互いが「聴く側」になり，お互いの気持ち（ホンネ）の交換をすることを「シェアリング」といいます。このスキルは「分かちあい」のスキル，「共感・共有」のスキルです。互いの考え方や感じ方，生き方は異なっていることを認めつつ，同じ地平に立って「共に考えていく」という姿勢です。

　「シェアし合うこと」を積極的に行ってください。そうすれば，Aさんの気持ちはさらに開かれていくことでしょう。

　「B子はいったん言い出すと聞き分けがないので，B子が何か言うと私は険しい表情になっていたかもしれません。同じことでも弟に対しては優しい顔で応じているのに。B子には厳しくあたっているように思えます。私はB子に可哀想なことをしているようですね」という振り返りをAさんはされるかもしれません。このような振り返りができるようになれば，間もなくAさんに笑顔が戻ってきます。

　カウンセリングの基本は「なおそうとするな，わかろうとせよ」「ことばじりをつかまえるな，感情をつかめ」「行動だけを見るな，感情・考え方・受け取り方をつかめ」[8]です。

　カウンセリングのスキル，効果的なコミュニケーションを可能にするスキルを日常の人間関係，保育，子育て支援に活用して，豊かなふれあい，あたたかなコミュニケーションを実現してください。

8）参考文献：國分康孝（編集代表）『ピアヘルパーハンドブック』図書文化社 2005

第4章　日常の保護者とのかかわり方

1 保育者の毎日と保護者との接点

1　はじめに

「おはよう」
「おはようございます」
　幼稚園や保育園の朝は，子どもたちの元気な声で始まります。その子どもたちを出迎えるのは，保育者の笑顔です。
　保育者に迎えられるのは，子どもたちだけではありません。保護者の方々もその笑顔で迎えられ，子どもを預け，出かけていきます。お迎えの時間には，子どもと保育者が保護者を迎え，子どもと保護者は自宅へと帰っていきます。
　その何気ない日常のなかで，保育者は子どもとのかかわりに注意を払うだけではなく，保護者の方々とのかかわりにも，多くの時間を費やしています。

2　保護者との接点

　朝，子どもたちが登園してくる時間は，保育にとって大切です。「今日の子どもたちは元気かな」「具合はどうかな」「疲れた顔しているな」「ご機嫌だな」「あれ，今日は具合が悪いのかな」と，朝の子どもたちの様子を観察し，その日の状態を把握するように保育者は努めています。

その一方で，朝は保護者とかかわる時間でもあります。前日帰宅してから，登園するまでに起こったこと，気になったことを，保育者に伝えたり，質問したりする場でもあります。また，お迎えのときも，保護者と接する機会です。この場も，保育者と話をしたがる保護者は少なくありません。

このような時間は，保護者とゆっくり時間をかけてお話をするというよりも，短い情報交換のような場となっていることも多いと思います。また，保育者が時間をとって保護者と話したい，あるいは保護者が保育者に時間をとってもらって話をしたいときもあると思います。

3　保護者との話し方のスタイル

「保育者と何か話をしたい」「相談をしたい」といった保護者は，朝やお迎えのときに，立ち話的に話をする人もいれば，面接時間を希望して話をする人もいます。ときには，保育者のほうが，保護者との時間をとって話をすることを希望し，面接時間を設定することもあります。なかには，立ち話的に話すことは好むが，面接時間を設定して話をしようとすると，逃げ腰になる保護者もいるかもしれません。保護者との時間のもち方も，コミュニケーションをとるうえで大切な点です。

立ち話で，いちばん保育者を悩ませるのが，時間，つまり話をどこで切ろうかということではないでしょうか。「保護者は際限なく話をする」「内容は大切そうだ。でも保育に戻らなければ」……。話をどのタイミングで中断したらよいのかの判断は，むずかしいと思います。また，面接の場合でも，面接時間を何時から何時までと設定したにもかかわらず，約束の時間が過ぎても話を終えようとしない保護者もい

第4章　日常の保護者とのかかわり方

ます。

　カウンセラーは，多くの場合，1回の面接を50分と設定しています。クライアント（相談者）も，その設定を知っているので，50分で話を終えることが比較的しやすいように思います。「もうすぐ約束の時間が終わるけど，わかっているかなぁ」と思うときには，「あと10分でお約束の時間が終わります」などと伝えるときもあります。園によっては，何分以上たったら，ほかの保育者に「電話が入っています」と言いに来てもらうとか，内線をかけてもらうといった手段を使っているようです。

　保育者が大切な内容だと思ったからといって，保育者側から面接時間を設定しようとすると，それを拒否する保護者もいるでしょう。立ち話はするけど面接は嫌というのには，いくつかの理由が考えられると思います。

ひとつは,「面接になると,いろいろ聞かれるから嫌だ」「立ち話だと,好きなときにやめられる」という感覚があるかもしれません。また,保護者が話の内容をさほど大切なものと考えていないときも,「私たちなんかのために,時間をいただいては申しわけない」と思って,面接を断ることもあるでしょう。あるいは,話の内容をあまり重要だと思いたくない場合もあります。それと同時に,自分自身あるいは自分たちに価値をおいていないために,時間を割いてもらうのは悪いと感じる保護者もいると思います。

このような場合は,「私(保育者)はとても大切なお話だと感じたので,お時間をつくりたいのですが……」というように,話をするとよいのかもしれません。

4 いま,保育者が悩んでいること

最近,地方の保育園の園長先生から,「保育者向けの研修会をしてほしい」という電話がありました。園長先生によると,保育者は,保護者とのコミュニケーションのむずかしさを,いまいちばん強く感じているそうです。これは,複数の保育者からお話をうかがう機会があったときにも,よく耳にした悩みでした。そのほかにも,同僚の保育者とのコミュニケーションのむずかしさ,あるいは子どもとのコミュニケーションのむずかしさをあげる保育者もいます。

本章では,保護者とのかかわり方について,実際の現場であった事例から,その対応を考えてみたいと思います。なお,ここに登場する事例は,実際に現場であった事例をもとに私がつくったお話です。

第4章 日常の保護者とのかかわり方

2 事例① 「うちの子どもが いじめにあっています!」

1 事　例

　4歳児ケイコちゃん（仮名）の母親が,「ケイコが男の子たちにいじめられているのでは……」と相談に来ました。母親は,ケイコちゃんの身体が小さくいじめられやすいのではと,常に心配していたのですが,保育室の扉で手を挟んでけがをしたことから,心配をつのらせたようです。また,自宅でケイコちゃんが「男の子たちが意地悪をする」と親に訴えてきたので,園として何かきちんとした対応をしてもらいたいと言ってきました。

2 園側の対応

　まず,保育者は保護者が心配している気持ちを理解したうえで,園としてはきちんとケイコちゃんを守ることを約束しました。そして,ケイコちゃんは男の子と遊ぶのが大好きな活発な女の子で,保護者が心配しているようないじめはないことも伝え,保育を観察することを勧めました。母親は,保育中のケイコちゃんが,いじめられることもなく元気にお友達と遊んでいる姿を見て,安心して帰っていきました。
　いじめはなかったのに,なぜケイコちゃんは,男の子たちが意地悪をすると言ったのでしょうか。うそをついたと彼女を怒ることは簡単です。でも,そのように言いたくなった,言う必要があった子どもの

気持ちを考えることが大切だと思います。

　ケイコちゃんの両親は，共働きでとても忙しい方でした。ですから，ケイコちゃんのための時間はケイコちゃんにとっては少なく，寂しい思いをしていた可能性があります。そこで，親の気を引くために，無意識のうちにうそをついたのかもしれません。また，もしかしたら，親の方が，
「ケイコちゃん，だれかに意地悪されているんじゃないの」
と聞いたとしたら，それにうなずいたことが事の発端かもしれません。子どもは，親の期待に沿えるようにがんばっています。親の希望をかなえてあげようとすることもあります。

　ここに書いた理由は，可能性の一部です。一つだけの理由ではなく，複数の理由があるかもしれません。常に，いくつもの可能性を視野にいれて子どもと接していくことは大切です。その可能性は，ケイコちゃんとのそれまでのかかわりのなかから，あるいは彼女の保護者とのかかわりのなかから思い出されるかもしれません。ほかにも，保育者自身のそれまでの経験から考えられることがあるかもしれません。

　すべて大切な情報源・資料なので，それらを無視することなく，十分に使いながら，一つの可能性に固執するのではなく，いろいろな可能性を考えて接してほしいと思います。それは子どもに対してだけではなく，保護者に対しても，同じことがいえると思います。

第4章　日常の保護者とのかかわり方

3 事例② 「家ではできるのに！」

1　事例

　ある朝突然，母親がとても怒って園に来ました。
　「何で昨日，うちの子どもはあんなにたくさん，お漏らしをしたのですか？　ちゃんとトイレに行こうって，毎回ていねいに言ってくれれば，うちの子はトイレに行けるのに。お漏らしもしないですむのに。何で，もっとていねいに声をかけてくれないの！」
　3歳のヒロコちゃん（仮名）は，その前の日に数回のお漏らしをしました。母親はそのことを，怒って来たのです。家では母親がヒロコちゃんの様子を見て，トイレに行きたいのではと思ったときに，
　「トイレに行こう」
と声をかけ，トイレに連れて行くそうです。園でも，同じように彼女の様子を常に観察し，毎回その気配を感じたら，トイレに行こうと声かけをしてほしいし，しないのは園の怠慢だと言ってきたのです。

2　園側の対応

　保護者の方にとって，わが子はいちばんかわいい大切な存在です。そして，園でも自分の子どもしか見えていなくて，子どもにもっと注意して接してもらいたいと思う親心はわからないでもないのですが，保育者は，保護者が家で子どもを見ているように，一人一人の子ども

Part 2 — 日常的な実践のポイント

にかかわることはできません。保育者は，保護者の訴えを聴いたあとに，「保育園でも気がつけば声はかけてはいるが，家で親御さんがお子さんを見ているときのようにはいかない」ということ，そして「子どもの成長にとって，子ども自身で気づくことも大切であること」を伝えました。

このような事例のほかにも，幼稚園や保育園に来てから子どもが汚くなったということを言いに来る保護者もいます。それまでは，鼻水が出てきたら保護者がティッシュで鼻をかませる，口の周りが汚れればすぐに拭いてあげるといったように，保護者がつきっきりで面倒をみることができたかもしれません。しかし，園に来てから遊ぶことに夢中で，鼻水が出てきたら袖で拭く，口の周りが汚れても袖で拭くといったように，子どもの袖口が万能手ぬぐいのようになってしまうことがあります。

子どもたちにとって，お友達との出会い，そして遊びはとても楽しいものです。その楽しさが優先し，楽しい場から離れることは好みません。だから，袖口で拭いたり，トイレに行き忘れたりするのです。園でのお友達との関係は，一人一人の子どもにとって，そして子どもの成長にとって大切です。そして，そのお友達に「袖口で拭くのは汚いよ」と言われたり，お漏らしをしたらお友達に恥ずかしいという気持ちが出てきたりすると，袖口で拭くことをやめたり，お漏らしをしないように自分で気をつけるように子どもが成長していく。そのように予測できる過程を，保護者に伝えることは必要です。いまは汚いと思われることも，成長の一つであると理解していただければ，保護者も落ち着いてその様子を見守れるかもしれません。

第4章 日常の保護者とのかかわり方

4 事例③「サービスするのが仕事でしょ！」

1 事例

　4歳児タロウくん（仮名）が新しい洋服で登園してきました。でも，シャツの袖とズボンの裾が長すぎるので，折って長さが調整してありました。園で走ったり，転がったりしているうちに，折ってあった袖や裾は長い状態になりました。縫っていなかったため，すぐに長い状態になってしまいます。

　タロウくんは，自分のズボンの裾を踏んで転んでしまうことが何度かあり，手を洗うときには袖口をぬらしてしまったりと，日常生活に支障をきたしました。

　お迎えのときに，タロウくんの母親に，
「お子さんに，サイズの合う洋服を着せて登園させていただけませんか」
とお願いしたところ，
「すぐに大きくなって，ちょうどよいサイズはもったいないから，買わない方針です」
と言われてしまいました。そこで，園で裾を踏んで転んだりする現状を伝え，裾上げをお願いしました。すると，
「家ではまったくそういうことはありません。園が困っているなら，園がやればいいでしょ」
と言いました。

Part 2 — 日常的な実践のポイント

2 園側の対応

　保育者は母親と面談をして、長い丈のズボンをはいている危険性をまずきちんと説明し、保護者として裾上げをしてほしいことを伝えました。

　保育園にサービスを求める保護者が多くなってきていることを嘆いている園長がいます。保育園や幼稚園は、保護者のサポートをする場で、サービスを提供する場ではありません。

　サービスには、「人のために尽くす・奉仕（つつしんで仕えること）をする」という意味があり、サポートには、「支える・支援する」という意味があります。保育者がサービスをするのは親の役割を代行することですから、親と子どもを離すことになり、親子関係に支障が生じる可能性があります。

　いっぽう、保護者に対してサポートをするということは、保護者の気がつかないところや、そのときに必要なことを補い、子どもと保護者との間に立って、両者の架け橋的な存在になることです。

　園は子どもの保育をする場であると同時に、保護者が親になるために育つ場でもあります。保護者が自分の視点だけではなく、子どもの視点に立って物事を見ることができるように、具体的に話をすることが大切だと思います。例えば、袖と裾が長いとどうして危ないのかを、「走っていて裾を踏むと転びやすいし、転んでも袖も長いからすぐに手が出しにくいし、手が出ないと顔をぶつけたり、歯を折ってしまったりするかもしれないから危ないんですよ。だから袖と裾を適切な長さにしてほしいのです」などと保護者に細かく説明する必要があります。

第4章　日常の保護者とのかかわり方

5 事例④「私たち夫婦の時間が大切です」

1　事例

　ケイタくん（仮名）は，0歳児から保育園に通っている4歳児です。ケイタくんの両親は，共にフルタイムで働いています。2人とも，とても仕事に熱心で，朝，保育園が始まると同時にケイタくんを連れて来ます。そして夜，保育園が終わる時間にお迎えに来ます。両親が仕事を休むことはほとんどなく，休日出勤することもあります。ケイタくんは，ほとんどの時間を保育園で過ごしている子どもです。両親が忙しいためか，洋服が2日間同じということも一度ならずありました。

　両親がそろって仕事を休む日もありますが，その日は夫婦で過ごす日と決めていらして，朝も夜もいつもどおりの登園・下園です。

　「ケイタくんは今日はお休みではなかったのですか。ご両親と一緒に過ごされるのかと思っていました」
と保育者が言うと，

　「休みは夫婦のためにあるもので，子どものためではないから，一緒には過ごしません」
とのことでした。

　保育者は，ケイタくんの感情表現の少なさが気になっていました。お友達と遊んでいても，クラスのお友達がみんな笑っているときも，ケイタくんはほとんど表情を変えません。また，時折寂しげな表情に

なります。

❷ 園側の対応

　保育者は，ケイタくんの感情表現の少なさが気になっていましたし，保育園にいる時間の長さも気にしていました。

　保育園がいくら好きな子どもでも，毎日朝7時から夜7時までいると疲れます。子どもにとって，いちばん休める場所は家であり，一緒にいていちばん安らげる人は保護者です。毎日毎日保育園にいる状態は，ある種の緊張感を子どもがいつももっているということです。

　そのことを伝えるためにも，保護者との面接を行いました。そこで保育者がケイタくんの感情表現について感じたままを話すと，自宅ではそのようなことはないから気にする必要はなく，保育園側は黙って預かってほしいということでした。

　保育者は，1回の面接だけではなく，何度となく保護者に子どもの状態を伝えながら，子どもの成長のためには，親との時間が大切であることを伝え続けました。

　また，保護者の中には熱があっても登園させたり，座薬で熱を下げた状態の子どもを園に連れて来たりする人もいます。「熱のある子どもを預かれない園は冷たい」「仕事を休めないから子どもを預かってくれ」と言う保護者も少なくありません。保護者の仕事と子どもの養育のバランスを図るためのお手伝いをするのも，保育者の役割となっているように思います。

　そのようなときには，保護者の仕事の状態を否定するのではなく，両者の現状を把握し，そのうえでどのようにするのがいちばんよいかを一緒に考えようという姿勢で臨みつつ，子どもの専門家として，大

第4章　日常の保護者とのかかわり方

切なことは伝え続けることが必要となるでしょう。さきほども書いたように，保護者を親として育てる過程として，保育者が保護者の間違いをきちんと指摘し，必要に応じてはっきりと伝え，よい方法やあり方を見いだしていくことが必要となっています。

　忙しい保護者は面接を好まないかもしれません。このような場合は，無理強いをするのではなく，連絡ノートなどを使いながら，徐々に面接にもっていくのも一つの方法でしょう。会話をしようとすると喧嘩腰になってしまう保護者に対してや，話がまとまりにくい保護者に対しては，連絡ノートを対話の道具として使うのも一つの手段です。

　また，保育者とコミュニケーションをとろうとしないのもコミュニケーションの一つです。コミュニケーションを拒否するということは，相手があって初めて成立します。保護者に何かを拒否されたとき，拒否という形のコミュニケーションだと思ってみてください。違う視点がもてるかもしれません。

6 事例⑤ 「あの保育者さん嫌い！」

1 事例

　4歳児の保護者が，主任との面接を希望してきました。主任が会うと，E保育者が嫌いだということでした。理由を聞くと，
「0歳児のときに，離乳食のことで注意されたが，そのとき母親失格と言われた気がした」
ということでした。E保育者は，この4歳児が0歳のときの担任保育者でした。保育者の注意した内容，指摘した内容は間違ってはいませんでしたが，主任はなぜいまになって保護者が訴えてきたのかということに興味をもち，そのことをまず質問しました。
「ずっと一人でこの気持ちを抱えてきたので，だれかに知ってもらいたかった」
という返事でした。

2 園側の対応

　E保育者とこの保護者との関係は，日常を見ていると良好だったので，主任にとってはいささか寝耳に水でしたが，だれかに知ってもらいたかったという保護者の気持ちを大切に受け止めるべく，話を聞きました。そして，
「今日お話してくださって，母親失格と言われた気がしたお気持ち

第4章 日常の保護者とのかかわり方

は伝わりました。このことは，E保育者にも伝えておきます」
と主任は返事をして，面接は終了しました。

　E保育者から保護者に伝えた内容が，間違っていたか正しかったかが大切なのではなく，注意されたことから保護者が傷ついたという事実が大切な点です。そして，その傷ついた気持ちに保育者が気づいていなかったということも大切な点だと思います。

　保育者は，保護者との関係において影響力があります。そして，その影響力がどのくらいあるのかということを知っておくことは，とても重要です。カウンセラーも，クライアント（相談者）に対して影響力を多くもっています。ですから，自分の発言内容やその影響力に，どんなに注意をしてもしすぎるということはありません。保育者は，保育に関してプロであり，子どもに関してプロだという思いが，保護者や保育者のなかにあると思います。ですから，何気ないひとことや注意が，こちらの予想もつかないような形で保護者に理解されている可能性が考えられるのです。とくに，保育者が正しいことを言った場合，その影響力は大きく，保護者が傷つくかもしれません。これは日常の人間関係でも同じで，間違いを指摘されたら傷つくことはあると思います。

　私はクライアントに何か私自身の見解を伝えたときには，なるべく「いま私に言われてどう感じましたか」と問いかけるようにしています。もちろん，必ずしもほんとうの気持ちを言ってくれるとは限りませんが，その機会を必ずつくるよう心がけています。

Part 2—日常的な実践のポイント

7 保護者とのよい関係を築くために

1 よい関係を築くために大切なこと

　最後に，保護者とのよい関係を築くために，保育者が気をつけたらよいと思われること，あるいは知るとよいと思うことを，カウンセラーという立場で書きたいと思います。

　今回この章で紹介した事例は，保護者と保育者が向き合い，逃げずにきちんと対話をすれば解決できることが多かったように思われます。保育の現場に限らず，人間関係においてむずかしい局面が訪れたときに大切にすること，それは「対話」だと思います。

　「対話」とは，他者の話をきちんときくこと，理解しようとすることです。日本語において，人の話を「きく」という行為には，2つの漢字があります。「聞く」と「聴く」です。

　前者の「聞く」の門構えは，閉じて中を隠すものを描いた象形文字で，「聞く」という漢字は，よくわからないこと，隔たったことが耳に入ることを意味します。後者の「聴く」は，「聽」とも表し，右側の字は「悳」とも書き，まっすぐなことを指すそうです。また，片の耳の下にある字は，人がまっすぐに立っている様子を表しています。つまり，この漢字は，まっすぐに耳を向けてきき取ることを指しているのです（学研『漢字源』より）。この章で用いる「きく」は，後者の「聴く」を指します。

第4章　日常の保護者とのかかわり方

「まっすぐに耳を向けて聴き取ること」と言われても，具体的にどのように聴けばよいのかととまどう方も多いと思います。簡単に言えば，相手に興味をもつということです。私の目の前で私に話をしているこの子どもは，私に何を伝えたいのだろうかと考えながら，ていねいに話を聴くのです。

この本の第2章で，いろいろなカウンセリング療法の説明がありました。私自身は，パーソンセンタード・アプローチ（来談者中心療法）のカウンセラーです。第2章と少し重複するところもあると思いますが，少しだけカウンセリングの理論をご紹介します。

❷　パーソンセンタード・アプローチとは

私は，自己紹介をするときに「パーソンセンタードの考え方を大切にしているカウンセラー」と言うようにしています。第2章の「来談者中心」という言葉を使わないのには理由があります。

理論の中身は同じですが，この理論を考えたカール・ロジャーズ（Carl R. Rogers）という人は，理論の発展に併い，その呼び方を変えていきました。

彼の理論は，初期のころに非指示的療法（non directive therapy）と呼ばれていました。それは，カウンセラーが何か特殊なことをするのではなく，クライアント（相談に来る人）に何かを指示したり，指図したりするのではないという姿勢から，このように呼ぶようにしていました。しかし，何もしないということのみが先行してしまい，その理論の根底にある大切なものが理解されないために，「非指示的療法」という呼び方をやめて，「来談者（クライアント）中心療法」と言うようになりました。

参考文献：カール・ロジャーズほか（著），畠瀬稔ほか（訳）『学習する自由・第3版』コスモスライブラリー

Part 2 ― 日常的な実践のポイント

　来談者中心療法とは，その名からもわかるように，来談する人，つまりカウンセリングの相談に来る人を，そこにある人間関係の中心におく考え方です。しかし，その後理論の名前を変え，「パーソンセンタード・アプローチ」としました。パーソン（person），つまり人を中心に考えた理論であり，カウンセリング関係では，相談に来る人（来談者，あるいはクライアント）と相談を聴く人（カウンセラー）の，二者間の人間関係が大切であり，その関係性を強調しました。

　またロジャーズは，パーソンセンタード・アプローチを学校現場，職場，平和運動と，さまざまな人とのかかわりに関係する分野へと広げていきました。そして，教師と学生・生徒・児童・保護者との人間関係，職場の人間関係，社会の人間関係に目を向け，カウンセラーではない人たちにも，彼の理論を知り，そこにある人間関係を考える機会をつくってきました。彼の理論はカウンセラーという職業だけに関係があるのではなく，人間関係にあるすべての人々にあてはまるのです。

　人間関係でとくに大切なことは，
①相手の話を聴くこと
②自分の心のなかで起きていることに注意を向けること
の2点です。カウンセリングの勉強をしている保育者に質問されることで，

　「カウンセラーは何も言わないといわれているので，私も黙って話をひたすら聴いているのですが，聴いていると苦しくなってくるのです。どうしたらよいのでしょうか」

というものがあります。苦しくなるのは，聴き手が自分の心のなかで起きていることに注意を向けていないからです。パーソンセンタード

参考文献：『The Handbook of Person-Centred Psychotherapy and Counselling』Palgrave 出版

第4章　日常の保護者とのかかわり方

・アプローチでは，聴き手であるカウンセラー自身の気持ちも大切にします。

③ 話を聴くときに注意したいこと

では，人の話を聴くときに，何に注意したらよいのでしょうか。さきに述べた2点を，もう少し具体的に考えてみましょう。

私が話を聴いているとき，目の前で話している人には，普通に何気なく聴いているという印象をもたれるようにしながら，私の内面ではとても多くのことが起こっています。その起こっていることのうち，保育者の方々にとって保護者の話を聴くときのヒントになるかもしれないことを，ここで述べたいと思います。

（1）人の数だけ現実（real world）が存在します

「現実ってひとつでしょう」

と思われた方も多いと思います。違うのです。現実は，人の数だけ存在します。わかりやすい例で考えてみましょう。

友人と映画を観に行ったとします。映画を観終わったあと，感想をお互いに話したりすると，まったく気づかなかったことに友人は気づいていたり，私が大切なシーンや，感動したシーンだと感じていることに対して，その人は何とも思っていなかったりといったような経験はないでしょうか。同じ映画という意味では，観ている対象はひとつです。しかし，それを観ている側は2人あるいはそれ以上いるので，観ている側の興味や関心によって，注目される場面が変わってきたりするのです。

このように，同じ経験をしていても（この場合は映画を観るという経験），その経験の感じ方，受け止め方，記憶へのとどめ方は，人そ

参考文献：『The Handbook of Person-Centred Psychotherapy and Counselling』Palgrave 出版

れぞれ十人十色なのです。ここで大切なことは，同じことを経験していても，自分が経験したことと違うことを経験している人がいるということに気がつくことです。

例えば，この章の第2節で述べた，いじめられていると保護者が感じて訴えてきた事例で考えてみましょう。いじめられているというのは，保護者にとっての現実なのです。保育者の目から見て，いじめがないと思っても，それは保育者にとっての現実であって，残念ながら保護者とは共有できているものではないのです。そこで保育者が，

「いじめはありませんよ」

といくら言っても，それでは保護者は「この保育者はわかってくれていない」という印象しかもちません。大切なのは，なぜこの保護者はいじめられていると思ったのかということです。

（2）自分の価値観や意見を脇に置きましょう

自分のもっている考えや，知識や，思いなどを横に置いて，目の前で話している人の話の内容に注意を向けましょう。私たちは，自分の価値観などに照らし合わせながら人の話を聴きます。それは，けっして悪いことではありません。でも，自分の価値観と合わなかったときに，そのずれをどうするかが大切なポイントとなります。

（3）相手の世界を理解しましょう

相手に説明をしたり，話の内容を分析したりしようとするのではなくて，目の前で話された内容をきちんと理解して聴き取れたかを確認しながら，相手の世界を理解しようと努力しましょう。

（4）話された内容や経験はすべて同じように取り扱いましょう

みなさんは，楽しい経験を話されたときと，悲しい困った経験を話されたときでは，どちらの話のほうが注意深く聴こうとしますか。ど

第4章　日常の保護者とのかかわり方

ちらも同じくらい大切な経験です。

　楽しい話のときにはさらっと聴いて，困った話は真剣に聴くということはありませんか。また逆に，相談に乗るのが苦手な保育者は，楽しい話はどんどん質問しながら聴くけれど，困った話などには，「大変ですね」とだけ言って，話題を変えたり，その場から去る努力をするということはありませんか。

　もしそうだとすると，保護者がだれかに話を聴いてもらいたい，興味をもってもらいたいと思ったときに，楽しい話ではちゃんと聴いてくれないから，困った話を探して話しに来る，あるいはその逆で，楽しい話だけを探して来るということがあります。言いかえれば，保育者と話がしたいために，保護者はその保育者に合う話，聴いてくれる話を選んでもってくるのです。

　このようなことにならないために覚えておきたいことは，「どの話も同じように大切な話だ」ということです。どのような話でも同じように聴いてくれると保護者が感じられるように，是非どの話も大切に聴いてみてください。

❹　よい関係だけが大切な関係ではありません

　これまで，「よい関係を保護者と結ぶには……」ということに焦点を当ててきました。ここでは，少し視点を変えて考えてみます。

　これまで私が書いてきたことに注意して，保育者が保護者とのよい関係をつくろうと努力したとしても，よい関係だと感じられるものがつくれるとは限りません。それは，「よい関係」と一般に言われているものに身を置くことが怖い人や，それに慣れていない人もいるからです。よい関係をもつことを相手に無理強いすると，それは保育者に

Part 2 ― 日常的な実践のポイント

とってよい関係でも，相手にとってはつらい関係となってしまいます。

　人間関係をつくるときにいちばん大切なことは，お互いにとって，あるいはその人間関係にかかわる人たちにとって，居心地のよいあり方でいられることだと思います。保護者が，よい保護者を演じる必要を感じる関係ではなく，その関係のなかで自分の気持ちに素直でいられ，保育者と恐怖心なく話ができることが大切です。保育者も，よい保育者を演じるのではなく，保育者として自分の気持ちに素直でいられる関係が理想だと思います。「保育者として」自分の気持ちに素直でいられるとは，「職業としての役割を忘れないでいる」ということです。保育者として相手の話を聴き，保育者としてどのように対応したらよいのかを考えながら，そこにいる必要があると思います。

5　おわりに

　カウンセラーは，人間関係の専門家です。そして，カウンセリングに来る人たちの多くは，人間関係に傷ついています。その傷ついた人たちを，人間関係のなかで癒していくお手伝いをするのが私たちカウンセラーの仕事です。

　保育者は，保育の専門家であると同時に，0歳児から大人までを相手にしている人間関係の専門家という側面ももっています。カウンセリングの方法が，そのまま保育に生かされるかどうかはわかりませんが，ここに書いたことが保育の参考になればと思います。また事例の対応は，紹介したものが唯一ではありません。少しでも日常の保育の参考になればと思っています。

第5章　養育困難をかかえる保護者への支援

1 養育困難のリスク要因とそのあらわれ方

1　養育困難に陥るさまざまな要因

　厚生労働省の発表によれば，平成18年中に，子どもを虐待により死亡させた事例は，わが国でも100例（126人）に上っています。1週間におよそ3人の子どもの命が，虐待により奪われているのです。心中事例とそれ以外の事例がほぼ同数といわれますが，心中以外では，養育放棄によるものが増加しており，0～3歳の乳幼児が，被害者の4分の3を占めることもわかっています。また，それらは地域社会と接触の少ない，孤立した家庭で起こっているといいます。なかには，関係機関がかかわっていながら，そうした危機的状況を把握できず，積極的に子どもの命を救えなかった事例もあります。

　この10年あまりの間に，子どもの養育上のさまざまな困難さを抱える保護者が増え，援助を必要としている実態が明らかにされてきました。歯止めのかからない少子化への危機感も加わり，子育て期の家庭に対する支援策も充実してきています。しかし，そうした支援ネットワークにつながれないまま孤立する保護者がいる現実のなか，大切な子どもの命が失われる現実も一方にあります。保育の場で，養育の困難さを抱える家庭を早期に発見し，支援していくことが，子ども虐待への積極的な対応策として求められています。

　まず，早期発見の手がかりとなる，養育困難に陥るリスクの要因を

確認しておきたいと思います。ここでは，保護者の側に認められる要因，どちらかというと子どもの側の要因といえるもの，そして家族や地域といった養育環境の要因の3つに分けて記します。

（1）保護者の側に認められるリスク要因

今日，ほとんどの保護者が，乳幼児とのかかわり経験のないまま親になっています。このため，学習機会の不足による"親"としての養育スキルの未熟さから，多くの保護者が養育の困難さを感じています。「子どもが何をしてほしいのかわからない」「子どもにどうかかわったらいいのか自信がもてない」のです。さらに，次の要因が加わると，養育の困難さが深刻化します。

①妊娠そのものを受け入れることができないまま，出産にいたった（以前の妊娠出産でのトラブルや死産・流産等の影響なども含む）。なかでも，若年層の未婚者の妊娠，性的暴力被害による妊娠など，望まない妊娠であった場合には，リスクが高い。
②妊娠期に，切迫流産・切迫早産等のトラブルがあった，または出生後，何らかの理由により子どもと長期間離れた。
③経済的な問題などで，保護者自身が心身共に不安定な状況である。
④保護者自身の不安やストレスが高い，攻撃性・衝動性が高い，精神障害，人格障害，慢性疾患，アルコール依存などの困難を抱えているのに，十分な治療を受けていない。
⑤外国で育ち，保護者自身が日本の環境や文化に適応できない，日本語の理解力やコミュニケーション力が十分でない。
⑥保護者自身が適切な養育を受けておらず，トラウマがある。

第5章　養育困難をかかえる保護者への支援

なかでも，初めて親になる人への最初の1～2か月の支援が，とくに重要であるといわれています。「子どもから離れたい」「イライラして子どもにあたってしまう」といった声を受け止め，養育困難に陥るリスクを把握するチャンスでもあります。

（2）子どもの側に認められるリスク要因

まれに，子どもの側の事情により，親子の関係に影響があらわれる場合もあります。例えば，出生時に何らかのトラブル（仮死状態，黄疸がひどい，先天性の奇形など）があり，しばらく母子の分離が続いた場合には，その期間や症状によって，母子の愛着形成に影響がでる可能性があります。低出生体重児の場合も同様です。

低出生体重児は，おおむね2,500g未満の赤ちゃんを指します。全出生児の1割がそうです。さらに，1,500g以下の赤ちゃんも，全体の1％ほどいます。こうした小さい赤ちゃんは，新生児集中治療室に運ばれ，しばらく医療的管理下に置かれます。生存率は，かなり高いのですが，子どもに障害や後遺症が出現する場合もあります。そうなれば，養育の困難さをかかえるリスクが高くなります。

また，多動，注意欠陥，落ち着きがないなど，軽度発達障害が疑われる子どもの育てにくさ，かかわりにくさも，養育困難をもたらす要因の一つです。幼児期に入り，子どもの行動範囲が広がってくると，集団生活の場や地域でのトラブルも増え，保護者の負担は大きくなります。

しかし，菅原らの研究では，①父親の養育態度が温かく，子どもの自主性を尊重している，②子どもの小さいころから夫婦関係が良好で，相互によく話ができているなど，養育環境の条件が整っていれば，ハイリスク群の子どもでも，問題行動が顕在化しないことがわかっています。保護者に対するサポート体制が，そのカギを握っているのです。

参考文献：井上美鈴『低出生体重児の母親に関する臨床心理学的研究』専修大学出版局

（3）養育環境に認められるリスク要因

では，次に養育環境におけるリスク要因について見ていきます。

①経済的な安定感がもてない家庭

まず，経済的な問題に関する要因です。生活基盤が安定していることは，子どもの養育を支える大切な条件です。しかし，シングル・マザーや離婚による一人親家庭，一家の生計を支える人が失業している家庭，何らかの事情により転職を繰り返し，収入が不安定な家庭など，経済的な不安要因をかかえた家庭が増加しています。

子どもの養育費用の捻出が家庭の負担となり，保護者がいつも不機嫌であると，養育困難に陥るリスクは高くなります。また，経済的な不安定さから，家族関係だけでなく，地域との関係も悪化しがちです。

②多様な家族形態をもつ家庭

近年，家族の形態が多様化しています。例えば，正式に法的な手続きをしていない婚姻関係（内縁者や同居人）がある家族，子どもを連れて再婚してできた家族，継父母の実子が中途で誕生している家族，親世代が抜けて祖父母と子どもだけで暮らす家族，夫婦が別居中のため一人親になっている家族，日本の戸籍をもたず，母国と行き来しながら暮らす家族などです。

③家庭内に何らかの問題が認められる家庭

保護者の夫婦関係の問題は，子どもに大きな影響を与えます。子どもが生まれる以前から不仲が続いている夫婦，子どもが生まれたあと，パートナーの無理解や非協力的な態度のために関係が悪化した夫婦，さらに，パートナーに暴力嗜癖やアルコール嗜癖などの病理があり，DV被害が疑われる夫婦などです。

また，夫婦関係ばかりでなく，家庭内の人間関係に問題があって家

参考文献：菅原ますみ他「子どもの問題行動の発達：Externalizingな問題傾向に関する生後11年間の縦断的研究から」『発達心理学研究』第10巻1号

第5章　養育困難をかかえる保護者への支援

族が不仲な場合，ほかの親族との折り合いが悪く長く孤立している場合，さらに何らかの理由で家庭が地域から孤立し，大人同士のつき合いがとだえている場合なども，養育の困難さを生み出す要因です。

　平成16年の児童虐待防止法改正において，家庭内における配偶者への暴力など，子どもに著しい心理的外傷を与える言動も「虐待」であると明記されました。養育環境としての大人の関係に問題性が感じられるときには，積極的にその状況を把握する必要があります。

❷　孤立しがちな保護者からのサイン

　養育困難に陥りやすい要因に気づき，支援ネットワークにつなごうとするとき，まず苦心するのが，こうした孤立しがちな保護者との関係づくりです。かなりの経験を積んでいても，かかわりのむずかしさを感じます。そうした保護者が出すサインは，以下のようなものです。

（1）かかわりを避ける

　すでに，自分の養育の不適切さに気づいている保護者のなかには，「自分の子育てを非難されるのではないか」「問題点を指摘されるのではないか」と，保育者・教師とのかかわりを避ける傾向がみられる場合があります。こちらがかかわるきっかけを探しても，なかなか顔を合わせられないのです。自信がなく，傷つきやすい保護者の場合は，さらにほかの保護者とのかかわりも負担となり，園の行事への参加なども消極的になりがちです。

（2）他者に関心がない・冷たい

　周囲が熱心にかかわっても，反応が冷ややかで自己中心的，そして子どもへの愛情も感じられないタイプです。こちらが一生懸命になると，それが面倒で園を変えてしまう場合もあります。子どもへの冷た

さ・無関心さが目立ち，支援を受けつけようとしません。約束も無視されがちです。できるだけ，子どもや親のよい面を伝えながら，緩やかに根気強く，信頼を得ていくかかわりが求められるタイプです。

(3) 一方的な訴えが続く

保育時間中，子どもの対応に追われている保育者をつかまえ，一方的に問題を訴える保護者がいます。「○くんがうちの子を泣かせて困る」など，園やほかの保護者への攻撃的な訴えが続きます。

ご自身の問題に目を向けず，常にだれかを非難し，攻撃する構えをもつため，周囲の人との関係もうまくいきません。そして，しだいに孤立していきます。枠を意識し，振り回されない関係が必要です。

(4)「自分はだめな親だ」と訴え，落ち込む

「子どもをかわいいと思えない」「自分は子どもを虐待している」と訴えるタイプです。問題意識もあり，積極的に自分の養育の不適切さを反省しますが，いつも同じ訴えが繰り返されます。堂々巡りをしているだけで，結局何も変わらないので，無力感が生まれてきます。

保護者自身が解決に向けた具体的な取り組みができないので，周囲が疲れ，しだいに離れていきます。保護者を肯定し，勇気づけながら，問題への対応を共に探っていくかかわりが必要です。

以上のように，養育の不適切さを認められない保護者，子どもへの愛情が感じられない保護者，常に他者を攻撃する保護者，他者に依存し解決をゆだねる保護者……。どのタイプも，こちらがかかわりをあきらめれば，地域で孤立し養育困難に陥るリスクが高まります。日々の保育を通して子どもの状況を確認し，保護者の信頼を得ながら，孤立させないかかわりを続けることが，子どもを守る安全弁なのです。

第5章　養育困難をかかえる保護者への支援

2 養育困難に陥りやすい保護者への支援

1　子育てパートナーとしてのかかわり

　一般に，養育の困難さを抱えた保護者は，他者とのコミュニケーションが苦手で，関係をうまく築くことができません。私たちが養育困難の背景や子どもの問題に気づき，保護者とかかわるには，コミュニケーション・スキルが求められます。

　保育者は，"共に子どもを育てるパートナーである"ことを常に意識し，そうした関係を保護者と築くようかかわります。しかし，養育の不適切さや児童虐待が疑われるケースでは，保護者の問題性を取り上げなければならないため，サポーターでありながら，保護者が認めたくない問題を突きつける役をも担うことになります。子育てパートナーとしては，きわめて葛藤的なむずかしい状況におかれます。

　こうした葛藤的な状況では，サポーター（保育者）の側に，
①相手（保護者）に対するネガティブな感情が生まれるため，それを表面に出さないよう率直な感情表出を抑えてしまう。このため，相手は，心理的距離を感じ，孤独感を増す。
②相手（保護者）の内面を理解できず，どう対応してよいかわからないので，むやみに励ます，過剰にサービスするなど，一方的な対応になりがちである。このため，相手はわずらわしさや負債感を抱く。
といった傾向があり，両者の関係が悪化しやすいといわれています。

参考文献：橋本剛『ストレスと対人関係』ナカニシヤ出版

Part 2 — 日常的な実践のポイント

サポーター自身がこうした転移・逆転移の現象を認識し，できるだけ淡々と安定した子育てパートナーとしての関係を続けたいものです。

❷ 「チームでサポート」が原則

こうしたコミュニケーションのむずかしさを補う最も有効な方法が，「チームでかかわる」という原則です。むずかしいケースほど，1対1ではなく必ずだれかに同席してもらい，複数でかかわる必要があります。サポーターである保育者の側は，チームで保護者を支える役割分担がうまくできるようにしましょう。対話をする，観察する，傾聴する，記録をする，指導や助言をする，保護者の気持ちを支えるなど，その場で必要な役割について事前に話し合っておきます。

初期は，保護者との関係づくりが第一目標です。保護者が受けとめやすい形で子どもの状況を伝え，気がかりな点については「子どもの様子を教えてほしい」という姿勢で臨みます。保護者の不安をあおらないよう，子どもに対するポジティブな評価も組み込みます。

関係ができたら，問題を共有し，園ではどう対応していくかを提示します。「これは，こちらでやってみます」と，園で取り組むことを明確に伝えます。「一緒にやっていく」という姿勢を示すことで，保護者は安心します。子育てのパートナーとして，チームで保護者を支え，保護者の力を高めるかかわりを心がけたいと思います。

チームでサポートするときに大切なのは，情報の共有です。とくに，園の内外の専門家の応援を得て，保護者を支えていこうとするときには，相互に共有すべき情報を確認し，理解しておくことが大切です。

時間がたってから，問題の本質が見えてくるケースもあります。日々の保育のなかで，記録を残しておくことは容易なことではありま

参考文献：小木曽宏『現場に生きる子ども支援・家族支援』生活書院

第5章　養育困難をかかえる保護者への支援

せんが，具体的な保護者とのかかわりの記録は，情報を共有する際に不可欠です。ポイントをおさえた具体的な記録があれば，かかわりを振り返り，流れを見通すこともできます。

　困難な事例では他機関との連携が不可欠です。そのとき力になるのも日々の記録です。記録に救われることがあるはずです。問題発生以前からの日常的危機管理として，記録の作成・管理を心がけましょう。

❸　むずかしい保護者とかかわる工夫

　この章の第1節で述べたように，養育困難から不適切な養育に陥る要因・背景はさまざまです。それぞれについて，保護者にどうかかわればよいのか，そのポイントを整理しておきましょう。

　子どもの側に何らかの要因が認められる場合については，専門機関との連携を図りながら進めていくことになります。これについては，第6章で述べます。また，保護者の側に要因が認められる場合のうち，精神疾患の疑いのあるものについては，第7章をご覧ください。

　ここでは，「もともと保護者の育児不安やストレスが高い場合」「保護者とのコミュニケーションがむずかしい場合」「養育環境として家庭に問題が感じられる場合」について述べます。

（1）もともと保護者の育児不安やストレスが高い場合

　不安が高く，ストレスに敏感なタイプの保護者は，感情の起伏があり，気持ちが安定しません。子どもの養育においても，溺愛的行動をとったかと思うと突然厳しくしつけるなど，一貫しません。

　このタイプの保護者との関係を安定させるためには，こちらにしっかりした枠（限界設定）が必要です。あらかじめ約束を決めておき，淡々とそれを守るかかわり方をします。

相手の感情の起伏に振り回されず，できること・できないことを明確に伝えます。善意からであっても，あいまいさ，不確かさ，サービス精神を含んだメッセージは，かえって関係を悪化させます。

安定した関係を続けるためには，心理的距離を一定に保ち，何かを伝えるときには，「○○はしないでください」という否定的表現ではなく，「○○をしてください」という肯定的表現を用いて正確に伝えます。安心感につながる対応が一番です。

（2）保護者とのコミュニケーションがむずかしい場合

養育困難に陥る保護者のなかには，「何度話をしても，大事なことが伝わらない」「何かと忘れ物が多い」「物のとらえ方が少しずれているところがある」など，コミュニケーションのむずかしさや違和感のある人がいます。それには，軽度の知的障害や発達障害がありながら，それにご自身も周囲も気づいていないケースも含まれています。

それぞれの特徴とコミュニケーションのコツをまとめてみます。

①コミュニケーション力や理解力が不十分な場合

理解する力を補うため，わかりやすい言葉を選び，すっきりと簡潔に伝えます。子どもの養育スキルも，図やイラストを用い，具体的に単純化して伝えます。できるだけ具体的に，そのままやればいい形で伝えると有効です。保護者同士のかかわりもストレスになり，体調をくずすことも多いようです。地域の人たちの理解を得て，養育を支援してもらえる環境づくりが理想です。

外国で育った保護者とかかわるときも同様です。内容をどう理解しているのか，意図がつかめているかなどを，ときどき確認しながら，わかりやすく単純化して伝えます。文化の違いから，うまく理解できない場合もありますから，図やイラスト，重点メモを活用し，行き違

第5章　養育困難をかかえる保護者への支援

いが起こらないよう配慮しましょう。

②注意力が不十分な場合

　注意力に欠け，言葉遣いや行動が短絡的で，こまやかな配慮ができないため，周囲に波風を立ててしまいます。悪意がないとわかっていても，だらしがない，うっかりミスが多い，時間が守れないなどの行動が重なると，周囲はいら立ちます。それを感じると，本人は自信をなくし，いら立ちを子どもにぶつける可能性もあります。できるだけよい行動に注目し，肯定的なメッセージや承認のサインを送りましょう。親としての意欲を引き出すかかわりが基本です。

　問題があれば，「こういうときは〇〇してください」と具体的方法を伝えたほうが改善されます。子どもが小さいときは，事故防止の具体的な手だてを1つずつ伝えます。何でも1回に1つずつが原則です。

　どのような伝え方が確実かを，よく見きわめておくことも必要です。耳から入った情報を忘れやすい人が多くいます。トラブルの少ない情報の伝え方を確認し，自信をもって取り組めるよう応援しましょう。

③人とのかかわりが苦手な場合

　知的な理解力は十分にあっても，社会性が低く，人とかかわるのが苦手な保護者もいます。情緒的応答性が低く，他者と交流をもつことが得意ではないタイプです。子どもの気持ちを読み取ることも苦手です。ちょっとした気配りができない，場の空気が読めないなどが原因で，保護者間でも浮き上がってしまいがちです。

　知的理解力を最大限に生かし，具体的方法をパターン化して身につけることにより，社会性の不足を補っていけるとよいでしょう。子どもとかかわる方法も，保護者同士の人間関係も，具体的にハウ・ツー形式で伝えてください。間合いを計る，気持ちを察するなど，あいま

いな要求は混乱を引き起こすので，何でもマニュアル化して伝えます。

気持ちが安定し，おだやかに子どもとかかわることができれば，しだいに情緒的応答性も開発されていくようです。子どもの笑顔は，親を変える大きな力をもっているのです。

（3）養育環境として家庭に問題が感じられる場合

第1節で述べましたが，養育環境としての家庭が抱える問題は多様です。しかも，生活の不安定さ（経済的困窮，失職，返済不能な借財），養育者の心身の病気，家庭内の人間関係の悪化（暴力）など，外からは見えにくい状況ばかりです。その家族だけではなく，ほかの親族関係や地域との関係など，家族を取り巻く環境全体を視野に入れた支援が必要となる点も，かかわりのむずかしさとしてあげられます。

毎日の保育を通して，子どもの状態を確認し，保護者の相談にのっていくことが支援の第一歩ですが，そこからそれぞれの家庭の課題に応じた支援機関に，どうつないでいくかが重要です。経済的支援，医療的支援，就労支援，法律相談，一時的保護など，地域の援助資源に関する情報をもち，ソーシャルワークの能力を発揮できる人材が必要です。また，今日では，各自治体が地域の関係機関・施設の担当者を招集し，要支援家庭（要保護児童）に対するケース検討会を組織するしくみをもっています。要支援家庭を地域の支援ネットワークが支え，見守る体制ができるよう，根気強く取り組んでいきたいものです。

欧米では，妊娠・出産期にハイリスク家庭を把握し，出産直後から定期的に家庭訪問を続け，徹底した育児支援を行う虐待防止プログラムが効果をあげています。2年間の濃密な個別支援によって愛着形成を促進し，その後は地域で子育てを支援するシステムにつないでいくそうです。専門機関と地域の支援の連携が成功のカギなのです。

第5章　養育困難をかかえる保護者への支援

3 虐待が疑われる家庭への支援

1 子どもの最善の利益を守る

　平成19年6月の児童虐待防止法の改正により，その目的において「児童虐待の防止等に関する施策を促進し，もって児童の権利利益の擁護に資すること」と記されました。また，国および地方公共団体には，「児童虐待を受けた児童がその心身に重大な被害を受けた事例の分析を行う」こと，保護者には，「児童を心身ともに健やかに養育する第一義的責任を有する」ことが加えられ，虐待を行った保護者に対する面会や引き渡し等の制限が明記されました。

　子どもの心身の発達を守るための法的整備が，わが国でも少しずつ進んでいます。教育や児童福祉に関する法改正も含め，子どもの権利擁護に関する法令を理解し，子どもの最善の利益の守り手として，保育者も児童虐待防止に積極的に取り組まなければなりません。

　第1節の冒頭でふれた死亡事例は，わが国の子ども虐待事例の極端な例です。親からの分離が必要と判断されて施設に入所する重度の虐待事例は，年間約3,000件といわれますが，これも氷山の一角です。リスクを抱えながら家庭で生活している中度・軽度の虐待事例は，その10倍，さらに虐待予備軍や実態を把握しにくい心理的虐待やネグレクトを加えると，要保護対象児童数は20万件を超えるのではないかともいわれます。保護を必要としている子どもの多くが，リスクの高い

家庭で暮らしているのです。そうした家庭を支援することにより，虐待発生を予防することが私たちの大きな責務です。

❷ 虐待ハイリスク家庭に気づいたら

虐待への理解を深め，日ごろから子どもの異常に敏感であれば，ハイリスク家庭に早く気づくことができます。85ページのチェックリストは，堺市の子ども虐待等連絡協議会が作成したもので，具体的な子どもや保護者の特徴をとらえるポイントがわかるはずです。

では，虐待リスクに気づいたら，どう対応すべきでしょうか。一般的な対応の流れを以下に述べ，次頁に実践モデルを示します。

①まず，園や学校の内部で情報収集を行い，子どもの心身の状態，親の養育態度，家庭の状況等を記録しておきます。複数の目でリスクのレベルを確認してください。発見した日時，子どもの状態，保護者に確認したかどうかなど，通告に際して必要となる事項をまとめ，内部で共通理解を図ったうえで，虐待相談や通告をします。

②虐待相談や通告を受けた児童相談所・福祉事務所は，すぐに子どもの安全確認と情報収集を行います。園や学校の関係者と面談し，家庭訪問や地域での聞き取り調査をし，虐待リスクのアセスメント（緊急度の判断）を行います。

③親からの分離が必要か，在宅での支援が適当かを児童相談所が判断し，前者の場合には，一次保護所や児童養護施設への入所措置を行います。また，後者の場合は，ケースにかかわる地域の関係機関が集まり，ケース検討会が開かれます。

第5章　養育困難をかかえる保護者への支援

④在宅での支援のためのネットワーク会議には，園や学校の担当者も出席し，子どもや保護者の状況を伝えます。そして，家庭が最も信頼する機関や施設の担当者をキーパーソンとした援助計画が作成され，地域で見守るネットワークが動き出します。

⑤第2節で述べたように，その家庭が必要とする支援を明確にし，それぞれの専門性を生かした具体的支援が提供されますが，その後もリスク・アセスメント，援助計画の修正，評価が繰り返されながら，子どもと親への支援が続けられていきます。

子どもを守る地域ネットワーク実践モデル

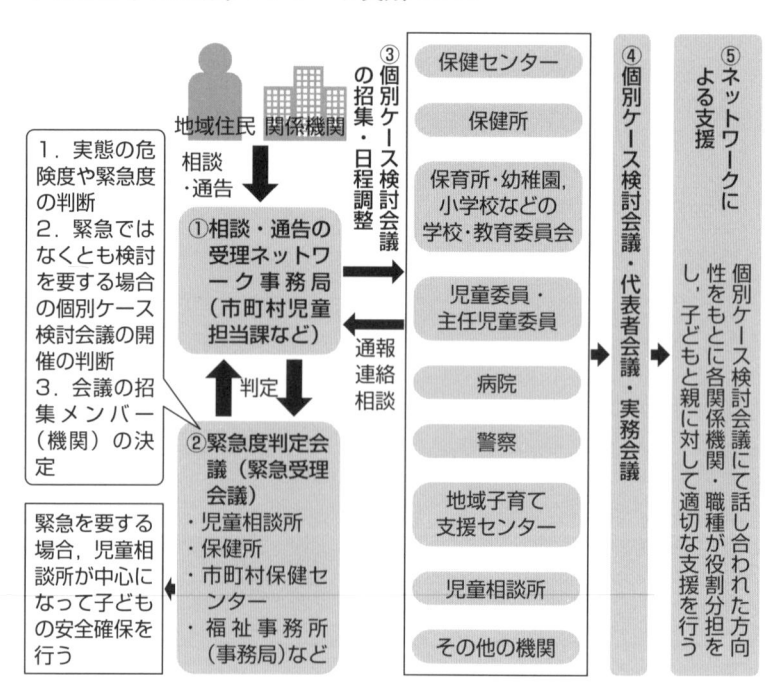

参考文献：厚生労働省『こども虐待対応の手引き』 平成19年版

Part 2 ― 日常的な実践のポイント

幼稚園・保育所向け子ども虐待チェックリスト（堺市・2002年）

① 幼児用
1. ☐ 雰囲気が暗く，喜怒哀楽の表情を示さない
2. ☐ 親が迎えに来ても，無視して帰りたがらない
3. ☐ 給食で，過食，おかわりを繰り返す
4. ☐ 家庭でのケガを，保育者が訊くまで言わない
5. ☐ 不自然なけがをしてくる
6. ☐ 基本的な生活習慣が身についていない
7. ☐ 身体も衣服も清潔でない
8. ☐ 季節に合わない服装である
9. ☐ 保育所・幼稚園を休みがち，来ない
10. ☐ 友達を求めない。遊び方を知らない
11. ☐ 友達をたたいたり，引っかいたりする
12. ☐ 落ち着きがなく，激しいかんしゃくを起こす
13. ☐ 保育者との関係が深まらない
14. ☐ 保育者を独占する
15. ☐ 親に関心をもってもらえない

② 乳児用
1. ☐ 語りかけに対して表情が乏しい
2. ☐ 身長の伸び，体重増加が不良
3. ☐ 母子健康手帳の記入が少ない
4. ☐ お尻がただれている。前日のままの服装で登園する（オムツが前日のまま）
5. ☐ 清潔感がなく，いつもすっぱいにおいがする
6. ☐ おびえた泣き方，抱かれると異常に離れたがらず，不安定な状態が続く
7. ☐ 親の顔を見ても喜ばない
8. ☐ まだ歩いていないのに骨折している
9. ☐ 世話や身体接触を嫌がる

③ 保護者用
1. ☐ 近隣から孤立しているか，ほとんど交流がない
2. ☐ 対人関係が敵対的で，よくトラブルを起こしている
3. ☐ よく転居する
4. ☐ 仕事が長続きせず，就労状態が不安定
5. ☐ 経済的な困窮や，金銭上のトラブルがある
6. ☐ 親自身に不幸な生育歴がある
7. ☐ 親自身に障害や疾病があり，それによる養育不安や困難がある
8. ☐ 行事への不参加等，保育所・幼稚園に対する非協力あるいは批判的態度
9. ☐ 決められた時間に迎えに来ないで，連絡がつかないことがよくある
10. ☐ 罵声や暴力行為がある
11. ☐ 兄弟姉妹の間に養育の差がある
12. ☐ 子どものことでよくイライラしており，感情を自制できない
13. ☐ 子育てのしにくさをよく訴えている
14. ☐ 子どものけがについて訊いてもあいまいで，不自然な答えが返ってくる
15. ☐ 子どもの現状に合わない不自然で非現実的な考え方をしている
16. ☐ 体罰の価値を信じている
17. ☐ 虐待の指摘を認めない
18. ☐ 保育者と子どもの話をしたがらない

参考文献：堺市子ども虐待等連絡協議会編『子どもを虐待から守るための支援』
「保育所職員・幼稚園教諭のための虐待対応実務マニュアル」

第5章

第5章　養育困難をかかえる保護者への支援

3　再発防止のための保護者とのかかわり

　早期発見，関係機関との連携に続いて求められるのが，虐待リスクを抱えた保護者への支援であり，家族の養育機能を高めていく取り組みです。それが，虐待の発生予防に向けた根本的な支援です。

　しかし，この領域への実際の取り組みは，わが国ではまだ始まったばかりです。これについて，小林は，小児科医ケンプが見いだした「虐待」発生の4条件を1つずつ取り除くことが，唯一の再発防止策であり，「虐待する親」の治療法であると述べています。

　それは，
①支援者が親の相談者になることで，親の心理社会的孤立を解く
②その支援関係を軸に，生活のストレスを実質的に軽減する
③子どもの心身の健康問題を，支援者が直接かかわることで改善し，親の育児負担を軽減する
④親に余裕ができたら親の育児力を高め，親子関係を改善する
というものです。

　虐待リスクの高い保護者は，子どもの時代に適切な養育を受けていないことが多く，まず親自身の心身の健康水準を高め，自己肯定できるよう働きかけること，子どもについての知識や対応スキルを開発することが，親の育児力を高める取り組みに含まれています。

　虐待へと追い込まれていく保護者の心境を受け止め，現実的な生活支援の方策を講じながら，適切な養育スキルを獲得できるようにかかわる——子どもの安全を守りながら，こうした親への支援を続け，親自身が自尊心を回復し，子どもへの共感性を立ち上げていく視点が大切です。さらに，家族の養育機能が高まり，子どもが家庭で健やかに

参考文献：小林美智子・松本伊智朗編著『子ども虐待　介入と支援のはざまで』明石書店

Part 2 ─日常的な実践のポイント

成長することができ，やがて「虐待しない親」になっていくところまでの支援が，真の虐待発生予防策といえるでしょう。

　千葉県は，こうした虐待する親への支援，家族関係の支援に着目し，発生予防から早期発見・早期対応，保護，自立支援まで，「切れ目のない支援の実現」をめざした手引きを作成しています。そこには，在宅支援により，子どものケア，保護者の支援，親子交流への支援を行い，問題を改善していくさまざまな家族関係支援プログラムが紹介されています。また，保護者の支援拒否などにより，家庭以外に子どもが永続的・恒久的な人間関係を保障される環境整備の必要性についてもふれています。

　現実には，「子どもが悪いからたたいただけ……」と，虐待行為（体罰）を子どもの問題にすりかえ，自らの不適切な養育行動を認識できない保護者も少なくありません。「どのような理由があっても，それは不適切な養育である」ことを伝え，力による支配ではなく，ほかの養育スキルを高める支援が不可欠ですが，それが困難な事例もあります。しかし，実際に子どもの養育にかかわり，保護者の負担を軽減しながら，保育者が適切な養育スキルの学習モデルとして，継続的にかかわることができるのは，大きな利点です。

　養育困難に陥る家庭が増加するなか，不適切な養育を受けている子どもを保護し，また積極的に保護者への支援を行う役割が，園や学校にいっそう強く求められています。虐待がもたらす深刻なダメージを思えば，虐待の発生予防としての親支援，家族支援の重要性は明らかです。地域で子育て家庭を支えるシステム作りが急務の課題なのです。

第5章

参考文献：千葉県家族関係支援調整プログラム調査研究委員会編『家族関係支援の手引き～切れ目のない支援の実現に向けて～』（千葉県 HP　http://www.pref.chiba.lg.jp/）

第6章　障害のある子どもをもつ保護者への支援

1 保護者との信頼関係をつくる

　だれよりも子どもと長くかかわっていく保護者だからこそ，保護者にはわが子のことを適切に理解し，その子の困難さを受け入れつつも前向きな子育てができることを願いたいものです。

　障害のある子どもの保護者や，これから子どもの困難さを受け入れ，子育てしていかなくてはならない保護者に対して保育者が支援をしていくためには，まず，何よりも保護者との信頼関係をつくることが重要です。しかし，それは容易なことではありません。保護者と信頼関係をつくるためには，次のような心構えや支援が必要でしょう。

1　保育者が「子どもを受け入れる」

　保育者が子どもとかかわるなかで生じる困難さを，「この子は大変だ」と，保育者の思いを無意識的でも保護者に伝えるのは避けたいことです。保育者から「大変だ」と言われてしまえば，保育者の言葉を「親のしつけが悪い」としてとらえたり，「わが子のことをわかってもらえていない」と思ったりし，保護者としては保育者に対する信頼感を抱くことはできなくなってしまいます。保育者が子どもの困難さを「大変だ」と感じてしまうのは，「なぜそのような困難さが生じているか」という困難さの原因がわからなかったり，「どのように支援をしたらよいか」がわからなかったりするからだと思います。

　保育者が「子どもを受け入れる」ことができるためには，子どもの

推薦図書：柘植雅義・井上雅彦（編著）『発達障害の子を育てる家族への支援』金子書房　2007

表面的な「困難さ」だけではなく，「困難さの原因」をとらえることが必要です。原因がわかれば，「大変な子ども」だけでのとらえ方ではなく，どのように支援をしたらよいかもわかり，「支援を必要とする子ども」として受け入れることができます。

❷ よいことも悪いことも両方伝える

　保護者との信頼関係をつくるためには，子どもの様子を「よいことも悪いことも両方伝える」ことが必要です。何かトラブルを起こしてしまったときは，保護者に報告していくことは必要です。しかし，子どものトラブルを伝えるだけでは，保護者は不安や不満をもち，信頼関係がつくれません。大切なのは，日ごろから子どもの「よいことも悪いことも伝える」ことです。「○○ができるようになったんですよ」と言われれば，保護者は「自分の子どもの成長を喜んでくれている」と保育者に気持ちを向けることになります。

　また，「どのような支援をしたらできるのか」を伝えていくことも大切です。それによって，保護者は「わが子のことを考えてくれているんだ」という思いをもつと同時に，子どもへのかかわり方のヒントを得ることにもなります。子どものトラブルを伝えていく際には，「○○ができません」だけではなく，「○○ができない」理由や「今後どのように支援していくか」までも伝えられることが理想です。それによって，保護者はわが子の特性を理解するだけでなく，保育者に対して「専門性」を感じるかもしれません。

　このように，子どもの「困難さ」の原因をとらえ，原因に基づいて保育の工夫をすることができ，保育方針を保護者に伝えることができれば，保護者との信頼関係をつくることが可能でしょう。

推薦図書：湯汲英史（編著）久保真理子・安江奈月（著）『発達障害を持つ子への保育・子育て支援－理解と適切な関わりを求めて』明治図書出版　2006

第6章 障害のある子どもをもつ保護者への支援

2 障害の特性を学ぶことの大切さ

　障害のある子どもの困難さの原因をとらえたり，適切な支援を考えたりするためには，まず第一には子どもをよく観察することが大切です。とくに，どのようなきっかけ（指示・声かけ・教材など）のときに適切な行動ができ，どのようなきっかけのときにはできなくなってしまうかをよく観察することによって，子どもの「困難さの原因」を知り，子どもへの支援の方法を考えるヒントを得ることができるかもしれません。

　いっぽうで，やはり保育者自身が障害特性を学んでいくことが大切です。障害の一般的な特性でかまいません。障害特性を学ぶことによって，その子はどんなことでつまずきやすいのかを知ることができます。さらには，子どもの行動を観察した際，その行動やつまずきの理由や原因を理解する視点となります。それによって，子どもへの支援の工夫をすることが可能になります。

1　LD（学習障害）とは

　LDの子どもは，全般的な知的発達の遅れはありませんが，聞く，話す，読む，書く，計算するまたは推論するといった基礎的能力のいずれかを学んだり，使ったりすることに困難さをかかえます。この原因は脳の機能不全だと推定されていて，発達障害のひとつです。子育てや環境の問題が直接的な原因ではありません。

推薦図書：内山登紀夫（監修），神奈川LD協会（編）『ふしぎだね!? LD（学習障害）のおともだち』ミネルヴァ書房　2006

Part 2―日常的な実践のポイント

　LDの場合，就学前である幼稚園・保育園段階で診断を受けることはあまり多くはありません。小学校に入ったあと，教科学習や集団生活の場面でその症状を明らかにしていくことが多いのです。しかし，幼稚園・保育園段階においても，学習や活動につながる基礎的な能力の習得や使用に困難さを示すことは少なくありません。

①「聞く」に関連する困難さ：聞き間違い，聞きもらしをする，指示の理解の困難さを示すことがあります。
②「話す」に関連する困難さ：言葉につまったり，単語の羅列になったり，内容的に乏しい話になってしまうことがあります。
③「読む」に関連する困難さ：文字に興味を示さなかったり，色や動物，物の名前を覚えたり言ったりすることに困難を示すことがあります。
④「書く」に関連する困難さ：丸，三角，四角などの基本的な図形や絵がうまく描けなかったり，製作時に例えば粘土で車を作ろうとしても，イメージはあってもうまく形を作れなかったりすることがあります。
⑤その他の困難さ：活動の手順を考えたり，覚えたりすることが苦手なことがあります。また手順に従って，一連の行動をしていくことが困難なことがあります。
　手先が極端に不器用であったり，スキップやなわとびなどの運動が年齢相応にできない状態である場合，発達性協調運動障害と診断される場合があります。

第6章　障害のある子どもをもつ保護者への支援

　LDの疑いがある子どもへの支援の基本として，指示を出す際には，「子どもがわかる指示」を心がけます。「わかる指示」とは，子どもの思考や行動につながる言葉です。全体指示で伝わらなかった場合には，個別に再度指示を出したり，子どもがわかる言葉に言いかえて指示することが必要です。また，活動場面では，やるべきことの見本を示してあげて，何をすればよいかをわかりやすく伝えることが必要です。

❷　ADHD（注意欠陥多動性障害）とは

　ADHDの子どもは，「気が散りやすい（不注意）」「落ち着きがなくじっとしていられない（多動性）」「順番が守れない（衝動性）」などの症状を示します。子どもならばだれしも示す症状ですが，ADHDの場合には，何度注意してもなかなか改善されず，周りの人とトラブルを起こしたり，活動に適切に参加できなかったりします。この ADHD も，脳の機能不全によって起こる発達障害のひとつで，子育てや環境の問題が直接的な原因ではありません。ADHDの症状は7歳以前にあらわれてきますので，先述のLDとは異なり，幼稚園や保育園の段階においてもその症状を示していくことが多くあります。

推薦図書：内山登紀夫（監修），えじそんくらぶ高山恵子（編）『ふしぎだね!? ADHD（注意欠陥多動性障害）のおともだち』ミネルヴァ書房　2006

Part 2 ― 日常的な実践のポイント

　「不注意」とは，注意力と集中力に欠ける状態であり，注意を向けるべき対象に注意を向けにくかったり，注意を一定時間持続することがむずかしかったりします。何か活動をするときに，先生に注意が向けられないために，そこでの必要な情報を聞き逃してしまい，結果，やるべきことがわからなくなってしまいます。また，活動が時間的に長く，本人にとって退屈で繰り返しが多い場合，集中を持続することがむずかしくなってしまい，やるべきことを最後までやりとげることができなくなってしまいます。また，興味・関心のあることに没頭すると，注意の切りかえが悪くなることがあります。

　「多動性」とは，動きが多く，じっとしていられない状態であり，そわそわとして落ち着きがない状態です。体の動きだけでなく，おしゃべりが止まらなかったりすることもあります。

　「衝動性」とは，考える前に行動してしまう状態です。あとの結果を考えずに行動してしまうので，周囲や本人が困る状況になりがちです。何をするべきか，何をしてはいけないかの知識がないわけではありません。しかし，本人が「やりたい」と思ったら，後先のことを考えずに行動をしがちである症状をかかえます。

　ADHDの人への支援の基本としては，「適切に注意をひいたうえで，何をすべきかを明確に提示し，本人の集中力に合った活動量と時間において，達成感を積み上げさせる」ことです。また，ルールが守れたときには，即座にほめることを多めに行ってあげる必要があります。

　やるべきことの始まりと終わりについて，その時間と量を事前に明確に伝えてあげることも必要です。また，勝手に何かをやり始めたり，やめたりするなど，集団でのルールを守ることができない子どもに対しては，やりたいこと，やりたくないことを他者に伝えるようにさせ

第6章

第6章　障害のある子どもをもつ保護者への支援

ていくことが大切です。本人の思いを言葉にさせていくことが「勝手にルールを無視する」ことを防ぐ第一歩です。自分がやりたいことを他者に伝え，そこで交換条件を結べるように，本人を導いていくのです。

　この際，できるだけ「○○したら△△できるよ」というようなポジティブな交換条件が望ましいでしょう。「○○しないと△△できない」といったネガティブな交換条件を結び，その子とかかわる機会がネガティブな状況になってしまうことはできるだけ避けたいところです。

3　自閉症とは

　自閉症とは，対人関係の障害として，おおよそ3歳から5歳にかけて症状が明らかになっていきます。自閉症は下記のように大きく3つの行動特性を示しますが，原因は，脳の器質的・機能的障害と推察されています。自閉症の約75％は，知的障害を伴うという報告もあります。

> ①対人関係を結びにくい：人と視線を合わせてその表情を読み取ったり，人と感情を分かち合ったりすることが困難なことがあります。自閉症の子どもは，友達に関心を示さず一人で遊んでいることもあります。
> ②コミュニケーションがうまくとれない：言葉を用いて他者とコ

推薦図書：内山登紀夫（監修），諏訪利明・安倍陽子（編）『ふしぎだね!? 自閉症のおともだち』ミネルヴァ書房　2006

Part 2 — 日常的な実践のポイント

> ミュニケーションをとることが困難であるだけでなく，身振りや表情や声のトーンなどの非言語的な表現も理解することが苦手です。言葉を話す場合でも，オウム返し（エコラリア）であったり，一方的な話であったりするため，言葉でのやり取りが成立しにくいことが多くあります。
>
> ③ 強いこだわりがある：興味・関心の幅が狭く，同じ遊びや物，パターン的な行動にこだわることがあります。遊びの対象は，一般的なおもちゃや遊具であるとは限らず，クルクル回る物，数字やマークなど，ほかの子どもが一般的には興味を示さない物を好むことがあります。また，同じ服や物，物の置き方，道順や活動の手順にこだわることがあります。

そのほか，「感覚の過敏性」として，大きな音や突然の音に耳をふさいだり，肌に触られることや，だっこを嫌がったりすることがあります。帽子，靴下，服のタグなども同様です。また，特定の食物を嫌がり，偏食の症状を示します。

また，自分の思いと周囲の状況とのズレに困惑し，さらに自分の気持ちを他者に適切に伝えることができないために，かんしゃくを起こしたり，自傷行為を示したりすることもあります。

④ 高機能自閉症・アスペルガー症候群とは

高機能自閉症とは，一般的には，上記の自閉症の3つの行動特性をもっていながら，知的には障害がない場合をさします。いっぽうで，アスペルガー症候群は，高機能自閉症と同様に知的障害を伴わず，自閉症の診断基準である「言葉によるコミュニケーション」には問題が

推薦図書：内山登紀夫（監修），安倍陽子・諏訪利明（編）『ふしぎだね!? アスペルガー症候群〈高機能自閉症〉のおともだち』ミネルヴァ書房　2006

第6章　障害のある子どもをもつ保護者への支援

ないとされています。しかし，アスペルガー症候群は実際の生活場面では，言葉を用いる場面で困難さを示すこともあり，おもに次のような社会性に関する困難さを示します。

> ①人の気持ちや「場の雰囲気」が読み取れない
> ②言葉を字義どおりに受け取ってしまう
> ③妙に堅い言葉を使ったり，一方的に話したりする
> ④こだわりが強かったり，感覚が過敏であったりする
> ⑤得意と不得意の差が大きい

　自閉症，高機能自閉症・アスペルガー症候群の子どもへの支援の基本は，わかりやすい環境や指示の工夫です。言葉のみでの指示ではなく，「目で見てわかる」指示を工夫することが大切です。写真や絵を用いたスケジュールを準備したり，見本を示しながら指示を出したりすることが大切です。

　言葉による指示の場合には，あいまいな言い方ではなく，具体的に行動することが伝わる言葉で，短く言うことがポイントです。

　また，アスペルガー症候群の場合，他者からの言葉やふるまいを勘違いしてとらえている場合があるため，他者の言動をどのようにとらえたのかを確認し，必要に応じて修正してあげることが必要です。

5　知的障害（精神遅滞）とは

　知的障害とは，全般的な知的機能の障害であり，おおむね18歳までの発達期にあらわれ，コミュニケーションや日常生活，遊び，学習など，さまざまな面で日常生活に支障が生じます。そのため，何らかの

推薦図書：原仁（監修）『ふしぎだね!?　知的障害のおともだち』ミネルヴァ書房　2007

援助を必要とする状態にあります。知的障害の診断がされるのは，知能検査から得られた知能指数（IQ）が70以下の場合ですが，IQの数値だけで発達の状態をとらえることは望ましくありません。

知的障害の場合，幼児期では，話し言葉の発達の遅れとして気づく場合が多いですが，それ以外でも，言葉の意味理解の困難さ，指示理解の困難さ，全般的な理解力の低さ，日常生活技能の獲得の遅れ，粗大運動や微細運動の発達の遅れなどがあらわれることがあります。学齢期になれば，学業の困難さとしてあらわれます。

知的障害の場合，発達段階は個人個人によって大きな差があります。子どもの発達段階をとらえ，発達段階に見合った課題の設定を行っていくことが大切です。

6　ダウン症とは

ダウン症の約95％は，21番目の染色体が3本の状態である染色体異常で，発達や知能の遅れや身体的な特徴，健康上の留意点を有します。

身体的特徴としては，特徴的な顔立ち（顔が平たく広く凹凸が少ない，眼がやや斜めにつり上がって両目が離れている，鼻が低く小さい，耳が小さいなど）をしていたり，筋肉の緊張が弱かったりします。

健康上の留意点としては，先天性心疾患（心室中隔欠損・心内膜床欠損など），消化器系疾患（十二指腸閉鎖・狭窄など），耳鼻科系疾患（外耳道狭窄，先天性難聴），眼科的問題（乱視，斜視，白内障，眼球振とう），骨格の問題（頸椎の環軸椎不安定症，環軸椎（亜）脱臼）などがあげられます。健康上の問題については，その子どもがどのような健康上の留意点を有しているかの情報を，保護者から正確に得ていくことが必要です。とくに先天性心疾患の場合は，「運動制限の有

推薦図書：玉井邦夫（監修）『ふしぎだね!?　ダウン症のおともだち』ミネルヴァ書房　2007

第6章　障害のある子どもをもつ保護者への支援

無」の確認など，日常生活での留意点の情報を得ていくこと，頸椎の問題では，トランポリンなど頸に負担がかかる運動は行ってよいかなどの情報を得ていくことが必要で，園生活における健康面の配慮も必要です。

　性格・行動特性としては，明るく，社交的で，人なつこいといったポジティブな側面がありますが，いっぽうで，がんこで融通がきかず，気持ちの切りかえがうまくできないといったネガティブな側面の両面をもっています。障害がある子どもたちは失敗をすることが多く，その失敗経験が，ときとしてネガティブな側面としてあらわれます。日ごろから「できた」という経験を積み上げるための支援や「できた」ことを褒めていくことが大切です。

❼　運動に障害がある子どもとは

　運動に障害がある子どもの場合，脳の損傷による運動障害では，脳性麻痺が代表的なものであり，胎児期から出生後4週間くらいまでに脳の運動中枢に何かしらの障害を受けたことが原因で生じます。四肢がつっぱり，スムーズに動かせない痙直型，意思とは無関係に身体が動いてしまい不随運動があるアテトーゼ型，他動的に動かそうとする

推薦図書：日原信彦（監修）『ふしぎだね!?　身体障害のおともだち』ミネルヴァ書房　2007年

と強い抵抗を示す強剛型，平衡感覚が悪く歩行や姿勢保持でバランスをくずしやすい失調型，これら2つ以上の型が混在している混合型などがあげられます。知的障害や言語障害を伴う場合もあります。

　筋肉の疾患による運動障害では，進行性筋ジストロフィーがあげられます。いくつかのタイプがありますが，デュシェンヌ型は男児に多く見られ，3～4歳ころ発病し，徐々に運動障害が進行し，7～11歳ころには転びやすくなったり，歩行が困難になってきたりします。そのほかの運動における障害には，脊髄の疾患による運動障害として二分脊椎などがあげられます。

　運動の障害のある子どもへの支援は，園での生活で配慮する事項の情報を保護者から十分に得ることから始まります。とくに脳性麻痺の場合には，食べ物の摂取時や姿勢保持時の留意点を確認する必要があります。また運動障害のある子どもの場合，転倒などによる事故を防ぐことも重要になります。さらには，運動の制限によって園の活動に参加できなくなることをできるだけ少なくする工夫が必要です。

第6章　障害のある子どもをもつ保護者への支援

3 障害のある子どもをもつ保護者への支援のポイント

　これまで述べてきたように，障害特性を学び，子どもの困難さの原因をとらえ，その原因に基づいた支援を工夫することを通して保護者との信頼関係をつくりながら，保護者への支援を行っていくことが必要です。その際のいくつかのポイントを述べます。

1　障害名を安易に口にしない

　たとえ，子どもに「ある障害種と同様の特性」が見られても，「お子さんはADHDのようですね」などと障害名を告げてはなりません。診断は医師が行うことです。子どもの困難さをまだ受け入れることができていない保護者にとって，安易に障害名を口にする保育者とは，信頼関係をつくろうという気持ちにはなれません。

　すでに障害の診断を受けているお子さんもいるかもしれません。その場合には，障害名を保護者との話のなかで使うことはあるかもしれません。しかし，障害名に対して支援をするのではなく，あくまで目の前にいる子どもに対して，その子どもがかかえる困難さに応じて支援をしていきましょう。

2　保護者の「わが子の受け入れ」を見きわめる

　保護者への支援を行う際，保護者がわが子の困難さをどのようにとらえているかを見きわめることは大切です。保護者の「わが子の受け

推薦図書：佐藤曉・小西淳子『発達障害のある子の保育の手だて－保育園・幼稚園・家庭の実践から』岩崎学術出版社　2007

Part 2— 日常的な実践のポイント

入れ」がどのようであっても，まずは，第1節の「保護者との信頼関係をつくる」で述べたことに基づいて，園での子どもの様子を正確に伝えていくことが必要です。あわせて，保護者の「わが子の受け入れ方」に応じて，支援の仕方も少し工夫を加える必要があります。

(1) 子どもの困難さに気づいていない保護者の場合

わが子の困難さにほんとうに気づいていないだけならば，これまで述べてきたように，子どもの様子を伝えていくことを通して，少しずつ気づいてもらえればよいのですが，子どもが「お家ではとてもよい子」と保護者が言う場合には，親子関係が適切であるかを見ていく必要があります。

子どもは，自分の気持ちをまだ上手に表現できない場合があります。むしろ，保護者が喜ぶように振る舞うことが大切だと思い込んでいる場合もあります。そんな子どもに対して，保護者が「わが子のために」と厳しく接することが続くと，保護者の前では「いい子」で振る舞うが，園では困難さを示す場合も少なくはありません。

そのような場合には，子どもの気持ちをそれとなく聞いてあげることが必要でしょう。また保護者に対しても，気持ちを聞きながら「子どもが何を望んでいるか」をそれとなく伝えていくことが必要でしょう。

(2) 子どもの困難さに気づいてはいるが認めたくない保護者・どう子育てしたらいいのか迷っている保護者の場合

子どもの困難さに対して「こうすれば大丈夫」という具体的な支援方法を伝えていくことが何より大切です。しかし，同じような支援を家庭でもやってもらうことを急いではなりません。とくに保護者自身が疲れてしまっている場合には，同じようにやってもらうことを急い

第6章

推薦図書：野呂文行『園での「気になる子」対応ガイド―保育場面別Q&A・保護者他との関わり・問題行動への対応など』ひかりのくに　2006

第6章　障害のある子どもをもつ保護者への支援

ではなりません。具体的な支援方法を伝えても実施しないうちは、まだ保護者が子どもの困難さを受け入れられていない状況であることが多いようです。「先生が教えてくれたようにやってみたら○○ができました」の報告が保護者の方からあってから、保護者との連携がとれた子育てが始まるのです。

3　一般的な子育て論ではなく、その子に合った支援方法を伝える

一般的な子育て論だけを伝えることも避けなければなりません。おそらく、多くの保護者は一般的な子育て論でのかかわりはすでにやっているはずです。それでもうまくいかず困っていることが多いのです。

ですから、日ごろから子どもの困難さの原因を見定める努力と原因に基づいた支援の工夫こそが大事であって、「子どもができるようになる支援」そのものが保護者への支援になるのです。

4　関連機関等との連携、関連機関へのつなぎ方

障害のある子どもは、医療・福祉・教育などの関連する機関の支援も受けていくことになるため、保護者のみならず、園としてもそれら関連機関と連携をしていくことが望まれます。

出生後すぐに障害があると気づかれ医師による診断につながる場合や、保健所や保健センターにおける乳幼児健診で、子どもの発育の状態・発達の遅れなどに気づかれ、すでにいくつかの関連機関からの支援を受けていることもあります。その場合には、いま現在、どのような機関に通って、どのような診断・支援を受けているかの情報を保護者から得ていくことが必要でしょう。そして、必要に応じて、園における支援方法についてのアドバイスを関連機関から受け、子どもへの

推薦図書：月森久江（編）『教室でできる特別支援教育のアイデア172・小学校編』図書文化社　2005

Part 2 ──日常的な実践のポイント

最適な支援をしていきましょう。

　いっぽうで，ある程度の年齢に達したのちに子どもの困難さに気づいた場合には，その時点から関連機関につないでいく必要があります。しかし，すぐに医療機関をすすめてしまい，保護者との関係が良好でなくなることは避けたいものです。まずは，地域にはどのような関連機関があるかの情報を得ておくことが第一歩です。各市町村によって存在する関連機関は異なりますが，福祉の領域では，発達障害支援センター，障害児の通園施設，児童相談所などがあります。教育の領域では，教育センター，特別支援学校などがあり，そのほか民間の療育施設などで相談を受け付けてくれることがあります。また，自治体によっては「巡回相談」という制度によって，子どもの観察や支援へのアドバイスを行ってくれる機関もあります。それら関連機関との連携をつくりながら，保育者が一方的に保護者に働きかけるのではなく，子どもの特性を「共に学び」，子どもの成長を「共に喜び合える」関係を築いていけることが大切です。

第7章 精神疾患の疑いのある保護者の理解と対応

1 精神疾患の可能性を考えること

1 保護者との関係づくりがうまくいかないときに

　話しかけても答えてもらえない，表情が硬い，言動にまとまりがない，話がかみ合わない……。いままで学んだカウンセリングマインドと技法をもって対応しても，保護者との関係づくりがうまくいかないとき，精神疾患（脳や心の病気）の可能性も知識の引き出しに入れておきましょう。

　精神疾患は，本人自身が病気であるという自覚（＝病識）がある場合とない場合があります。ない場合は，周囲の正しい知識と適切な対応が，より重要になります。

　また，保護者自身から精神疾患があることを打ち明けられたり，そのために保育や支援が必要とされる場合もあるでしょう。

　精神疾患は，体の怪我や病気と違って目に見えず，状況によって症状のあらわれ方が変わることもあります。そのため，周囲の理解を得づらいこともあるでしょう。

　精神疾患についての知識をもち，その特徴と気持ちを理解することが，心の支援の，そして真の受容と共感の第一歩になります。

2 精神疾患が疑われたら

　精神疾患が疑われたときは，まず次のことに留意しましょう。

Part 2 — 日常的な実践のポイント

(1) 複数の目で見る

　精神疾患の可能性が考えられたときは，一人で決めつけたり抱えたりせずに，ほかの保育者にも相談してみましょう。複数の目で見て情報を集め，その可能性を検討し，支援を考えるようにしましょう。

(2) 本人とじっくり話してみる

　できれば時間を決めて，保護者本人の話をよく聞きましょう。
　本人の表情や話し方など，非言語的な部分にも注意を払いながら，本人が，症状や問題をどのように感じているかを聞いてみましょう。
　本人がつらさを感じている場合は，十分に気持ちを聞き，理解と共感に努めましょう。本人の問題意識が乏しい場合には，無理に自覚を促すよりは，まず保育者が心配している気持ちを伝えましょう。
　どんな場合にも，信頼関係が支援の土台です。関係ができていないうちに具体的な支援をあせっても，うまくいかないことが多いのです。

(3) 家族との連携

　保育者がほかの家族と連絡をとることについて，本人の了解を得られるとよいでしょう。本人のつらさに共感しながら，家族にも協力してもらって一緒に支援を考えたい旨を伝えましょう。一人親の家庭などの場合は，保健所の保健師さんや福祉の職員さんとの連携が必要になる場合もあるかもしれません。
　精神疾患には，病院受診が絶対に必要なものと，必ずしもそうではないものがあります。受診をすすめる場合は，あくまでも本人が困っていることやつらさに焦点を当てて，受診の動機づけをするようにしましょう。関係が十分にできていないうちに受診をすすめたり，不用意に疾患名を口にしないように注意しましょう。相手は，病気のレッテルをはられたように感じ，不安になったり不愉快になったりします。

第7章　精神疾患の疑いのある保護者の理解と対応

2 保護者世代にみられる精神疾患の理解と支援

1　統合失調症

（1）早期発見・早期治療でよくなる疾患

　統合失調症は，病院受診と治療が絶対必要な精神疾患です。以前は精神分裂病と呼ばれていました。

　しかし，本人には，病識がないことも多々あります。そのため，周囲の人が早く病気に気づき，治療につなげることが，本人や家族のその後の一生を左右するといっても過言ではありません。

　統合失調症の原因としては，脳の神経の働きを調節する神経伝達物質（ドーパミンなど）の異常が考えられています。脳の神経が過敏になって働きすぎているために，聞こえない声が聞こえたり，現実にはないことを現実のように感じてしまったりします。

　治療は，静養と脳の神経伝達物質を調節する薬を飲むこと（＝薬物療法）が中心です。薬を飲み続けることによって，脳の神経の働きは正常になり，症状は改善します。しかし，服薬をやめてしまうと，数週間から数か月で再び悪化する可能性がとても高いので，一度発症したら，症状が改善したあとも，再発防止のために服薬を続けることが必要です。治療が遅れたり再発を繰り返すと，治りづらくなります。

（2）統合失調症のおもな症状

　統合失調症では，次の症状のうちのいくつかが継続して見られます。

参考文献：American Psychiatric Association 高橋三郎・大野裕・染谷俊幸（訳）『DSM-IV-TR　精神疾患と診断・統計マニュアル』医学書院　1994

Part 2 ── 日常的な実践のポイント

> ①妄想（現実にはないことを現実であると思い込み，訂正不能であること）
> ②幻覚（現実には聞こえない声が聞こえる幻聴が多い）
> ③まとまりのない会話
> ④まとまりのない行動
> ⑤感情や考えや意欲が乏しくなる

　育児や家事ができなくなってきたり，対人交流が少なくなったり，身だしなみなどが乱れてきたら，①〜⑤の症状がないか注意しましょう。
　「○○ちゃんがうちの子の悪口を言っている」「△△ちゃんのお母さんが嫌がらせをしている」という訴えがあったとき，即答せずに，少し時間をいただいて事実確認をしましょう。事実と違う場合には，確認された事実を説明します。それで本人が安心したり納得するようであれば，妄想や幻覚ではありません。いくら証拠や根拠を示して説明しても，訂正不能であれば，妄想や幻覚が疑われます。

（3）統合失調症が疑われる保護者への支援

　妄想や幻覚に対しては，無理に正そうと深追いしないようにしましょう。自分にはたしかに聞こえるし感じるものを否定され続けたら，腹が立つか，話してもむだだと思うでしょう。本人の訴えを聞きながら，妄想や幻覚が事実か否かを問題にするのではなく，そのように感じる本人のつらさを考えてみましょう。悪口を言う声が聞こえてきたり，嫌がらせをされているのを常に感じたらどうでしょう。相手の気持ちに共感する姿勢を忘れずに，信頼関係をつくることが大切です。
　保護者から「（幻聴が）聞こえませんか」と尋ねられたら，私は

参考文献：伊藤順一郎『統合失調症―正しい理解と治療法』講談社　2005

第7章 精神疾患の疑いのある保護者の理解と対応

「私には,聞こえませんが。でも,あなたには聞こえるんですね。とてもつらいと思います」と答えています。もし,自分が妄想の対象になっていたら,一度は話して否定をしますが,それ以上は水掛け論になってしまうので,冷静に話せるほかの人に入ってもらって,直接話し合いはしないようにします。

次にすることは,家族との連携です。先にも述べたように,統合失調症では病識がなかったり,病識が不十分な場合があります。その場合は,本人が自覚しているイライラや不眠,食欲低下,集中力や意欲の低下などの軽減を目的として専門家への相談をすすめてみましょう。その際,一人で受診しても,医師に対して自分の症状を客観的に話すことができなかったり,服薬や通院を受け入れられなかったりするかもしれません。継続的な治療が必要な疾患であることを考えると,家族の理解と協力は不可欠です。家族が一緒に病院に行っていただけるように働きかけましょう。統合失調症の場合は,治療が必要な状態でありながら本人の同意が得られないとき,家族の同意を得て入院治療等を行う(=医療保護入院)ことも可能です。

❷ 気分障害(そう・うつ病)

(1) うつとうつ病

だれでも,悲しいことやつらいことがあると「うつ」な気分になります。最近はマスコミでも取り上げられることも多いため,「うつ」は,比較的身近に感じやすい疾患ではないかと思います。

しかし,いっぽうで,安易に「うつ=うつ病」と考えられているようにも感じられます。うつには,①悲しいことやショックなことが起こったときになる「心因性」,②性格的に落ち込みやすい「神経症性」

参考文献:上島国利『患者と家族のためのうつ状態・うつ病Q&A』ライフサイエンス 2000

③体の病気からくる「症状性」，④脳の働きの異常からくる「内因性」があります。

　狭い意味での「うつ病」は，統合失調症と同じく「内因性」で，心の病気ではなく脳の病気です。脳の神経伝達物質（セロトニン，ノルアドレナリンなど）の異常で起こります。脳が元気に働かなくなった状態なので，治療は，休養して脳を休めることと，脳が元気に働くようになる薬（抗うつ薬）を飲む薬物療法が中心になります。

（2）うつ病とそう病の症状

　だれでも気分がよいときと悪いとき，「ハイ」なときと「ブルー」なときがあるでしょう。それが，日常生活に支障がでるほどに強く長く続いているとき，「気分障害」，すなわち「そう病」あるいは「うつ病」が疑われます。

　具体的には，次の症状のうち5つ以上がほとんど1日中2週間以上続いている場合，うつ病の可能性があります。

> ①抑うつ気分
> ②興味・喜びの著しい減退
> ③食欲や体重の著しい減少（まれに増加）
> ④不眠または睡眠過多
> ⑤焦る感じまたは頭が働かない感じ
> ⑥疲労感または気力の減退
> ⑦自分が価値がないとか自分が悪いと過剰に感じる
> ⑧思考力や集中力の減退
> ⑨死ぬことを繰り返し考える

第7章　精神疾患の疑いのある保護者の理解と対応

　体の不調（頭痛や肩こり，倦怠感など）が最初に自覚されることもあります。周囲からは，表情や話し方や動きに元気がないように感じられたり，仕事や育児，家事がおろそかになったり，ミスが多くなったりして気づかれるかもしれません。

　また，気分が異常に高揚し，開放的だったりイライラしたりが1週間以上続いており，次にあげる症状のうち，3つ以上が持続している場合，そう病の可能性があります。

> ①自信に満ち尊大な感じになる
> ②睡眠時間の減少
> ③口数が増えたりしゃべり続ける
> ④考えが次々浮かぶ
> ⑤注意散漫
> ⑥活動性の増加
> ⑦快楽的活動（買い物や投資への浪費，ギャンブル，性的無分別など）に熱中する

　突然，よくしゃべるようになったり，話が長くなったり，いろいろなことに手を出しては中途半端にしたり，浪費したり，服装が派手になったり，喜怒哀楽が激しくなったりしたら，注意しましょう。そう病も，脳の神経伝達物質を調節する薬（抗そう薬）が治療の中心になります。

　うつ病あるいはそう病だけの場合と，うつが続いたあとにそう（あるいはそうのあとにうつ）が続くそううつ病とがあります。

Part 2 ― 日常的な実践のポイント

（3）気分障害が疑われる保護者への支援

　うつ病の人には，「がんばれ」とか「やればできる」など，叱咤激励はしないようにしましょう。うつ病は，脳が働かず，もうがんばれない状態です。「がんばれ」と言われてもがんばれない自分はだめだという，落ち込みが強くなってしまいます。うつ病は，真面目で責任感が強いがんばり屋の人がなりやすいのです。最悪の場合，自殺企図につながる場合もあります。むしろ，「いままでがんばりすぎていたんじゃない？　少し休もうよ」と声をかけてみてはいかがでしょう。そして，本人が休みやすいように，具体的に仕事や家事，育児など，負担を軽減する支援を考えていきましょう。

　それでも，真面目でがんばり屋の人は，休むことに抵抗を感じるかもしれません。「うつ病」は，「心の風邪」程度ではなく，「肺炎」くらい大変な状態だと考えてください。そのためしっかりとした休養と治療が必要であること，必ずよくなることを繰り返し伝えましょう。肺炎が2～3日では治らないように，うつ病も服薬，休養をしても治るまでには数週間から数か月かかります。目に見えない病気だけに，本人があせって途中で治療を中断したり無理をしないように，家族の理解と協力も不可欠です。ときには，患者を抱える家族も支援しながら，「きちんと治療と休養をして回復したうつ病の人の話」など，希望がもてる情報を提供することも支えとなるかもしれません。

　また，うつ病では，悲観的になり，仕事をやめたり離婚をしたほうがよいのではないかと考えることもあります。相談を受けたときは，病気が治るまで，できるだけ大きな決断は避けるように助言してみてはいかがでしょう。うつ病のときはもうできないと思っていたことも，病気が治ればできるようになるかもしれません。何かをやめたり，離

第7章　精神疾患の疑いのある保護者の理解と対応

れたりすることは，一見負担が軽くなるように思うかもしれませんが，いままでとは違う新しい環境に適応していかなくてはいけないことを考えると，けっして負担は軽くはない場合が多いのです。

　日常で，どう声かけをすればよいのか，病気のことを聞いてもいいのか迷うかもしれません。「最近いかがですか」と軽く具合を聞いてみてはいかがでしょう。あまり話したくなさそうなら深追いせず，話せそうなら時間を決めて，話を受容的に聞くのがよいでしょう。相手の辛さに共感しながらも，支援者は楽観主義を保つことが大事です。

　そう病の場合は，本人は，元気で調子がよいと感じて，病識がない場合があります。普段と違う様子を指摘しても，理由を饒舌(じょうぜつ)に説明して，納得せず怒ってしまうこともあります。その場合は，保育者が心配している気持ちを伝え，家族との連携をとれるようにしましょう。病院受診につなぐには，やはり家族の理解と協力が必要になります。

3　パニック障害

（1）パニック障害の原因とおもな症状

　パニック障害では，突然，死の恐怖に襲われるくらいの不安と激しい身体症状（パニック発作）が繰り返し起こります。しかし，多くは数十分で症状が治まります。救急車を呼んでも，早ければ救急車が着くころに，あるいは病院に着くまでには，発作は治まっていることが多いでしょう。そして，内科で検査をしても，異常はないと言われます。検査で異常がないと，周囲は「気のもちようだ」とか「大げさじゃないか」と思いがちです。しかし，本人にしてみれば，原因不明の発作がいつまた襲ってくるかわからない不安（＝予期不安）につきまとわれることになります。

参考文献：貝谷久宣『新版　不安・恐怖症―パニック障害の克服』講談社　2005

Part 2　―日常的な実践のポイント

パニック発作では，以下の症状のうち4つ以上が突然に起こります。

①動悸または心拍数の増加　⑧めまい感
②発汗　⑨現実感消失
③震え　⑩コントロールを失ったり発
④息苦しさ　　狂する恐怖
⑤窒息感　⑪死の恐怖
⑥胸痛または胸部の不快感　⑫異常感覚
⑦吐き気または腹部の不快感　⑬冷感または熱感

　パニック発作の症状の多くは，私たちが極度の不安や緊張を感じたときに起こる生理的反応です。パニック障害は，脳内の神経伝達物質の異常によって，突然恐怖や不安とそのための生理的な反応が起こると考えられています。
　日ごろからストレスによって不安や緊張状態が続いていると発作が起こりやすいといわれているので，生活を見直し，不安や緊張を軽減する環境調整をしましょう。長びくと，予期不安のために，一人でいることや外出ができなくなり（＝広場恐怖），家事や育児ができなくなったり，うつ状態やアルコール依存症，心気症になったりすることもあります。

（2）パニック障害が疑われる保護者への支援

　パニック障害では，不安と発作が悪循環になっているので，それをできるだけ早く断ち切れるように支援することが大切です。病院での検査のうえ，パニック障害の診断をうけたら，発作のときの辛さや不安に対しては傾聴・共感しながらも，心臓や呼吸器に異常はなく発作

は必ず治まることや，規則的な服薬によって発作は予防できることなどの知識を繰り返し伝え，安心感をもてるようにします（＝認知療法）。

発作が起こったときは，だれかがそばにいて，本人が安心できるような言葉かけや姿勢をとるようにしましょう。呼吸が速くなり，過呼吸のために息苦しさや震えが悪化している場合は，紙袋などを口にあててゆっくり息を吐けるように優しく声かけしましょう。

安定剤や抗うつ薬が，不安を軽減したり脳の神経伝達物質を調節して発作の防止に効果がありますので，そのことも情報として伝え，病院受診と規則正しい服薬をすすめてみましょう。薬物療法により，発作が軽減したら，少しずつ，一人でいる時間を増やしたり行動範囲を広げて，自信をつけていけるように支援しましょう（＝行動療法）。

4 パーソナリティー障害

(1) パーソナリティー障害のおもな症状

パーソナリティー（人格）は，遺伝的な要素と幼小児期からの養育環境や対人関係によって，徐々に形成されていくものです。形成過程では，未熟で不安定なパーソナリティーも，正常な発達過程を経れば，成人期には成熟し，ある程度安定したものになるはずです。

パーソナリティーの障害とは，成人期になっても，以下のうち2つ以上の領域で，その人が属する文化から期待されるもの（＝常識）が著しく偏っており，さまざまな場面で問題を引き起こすものです。

> ①認知（ものの見方）　③対人関係機能
> ②感情　　　　　　　　④衝動の制御

　最近，とくに身近で見受けられることが多いのが，境界性（Borderline）パーソナリティー障害で，ボーダーと呼ばれたりすることもあります。特徴としては，以下のうち5つ以上が見られます。

> ①見捨てられ不安をもち，それを避けるためのなりふりかまわない努力
> ②理想化とこき下ろしの両極端を揺れ動く，不安定で激しい対人関係様式
> ③不安定な自己像または自己感
> ④自己を傷つける可能性のある衝動的行為（浪費，性行為，物質乱用，無謀な運転，むちゃ食いなど）
> ⑤自殺企図または自傷行為の繰り返し
> ⑥感情不安定性
> ⑦慢性的な空虚感
> ⑧不適切で激しい怒り
> ⑨一過性のストレスに関連した妄想様観念または解離症状

　不安定な感情や衝動性のために，リストカットなどの自傷行為や自殺企図を繰り返したり，アルコールや薬物に依存して，仕事が続かなかったり，夫婦関係がうまくいかなかったり，子どもを虐待してしまったりすることがあります。うつやパニック障害，摂食障害など，ほ

第7章　精神疾患の疑いのある保護者の理解と対応

かの精神疾患を示すこともあります。人に対して過度に依存的になるいっぽうで，攻撃的になったり避けたりする不安定な対人関係をとりやすいので，保育者が振り回されてしまうこともあるかもしれません。

（2）パーソナリティー障害が疑われる保護者への支援

　境界性パーソナリティー障害は，その発達過程で，基本的信頼感や心の安全基地となるような安定した対人関係を経験できなかったことが一因と考えられています。

　そのため，薬でパーソナリティー障害自体が改善することは期待できません。しかし，不眠や落ち込み，緊張，不安などの症状をつらく感じている場合，安定剤や睡眠剤を併用することもあります。

　安定した対人関係をもち続けることが，境界性パーソナリティー障害の目標でもあり，治療でもあります。安定した関係がもてれば，必ずしも医師やカウンセラーでなくてもかまわないのです。ですから，病院受診を無理にすすめる必要はありません。両親や兄弟でも，友人でも恋人でも夫婦でも，本人の心の安全基地ができれば，年単位で少しずつ安定し改善していくでしょう。しかし，家族や身近な人だからこそ感情的になってしまい，本人の不安定さに振り回されてしまうこともあります。成人期以降は，家族以外にも，小さな安全基地が複数できるとよいと思います。病院もその小さな安全基地の一つくらいに考えられるとよいでしょう。医師やカウンセラーは，知識と経験をもっている点で，ほかの人よりは，多少安定した関係をつくりやすいかもしれません。

　保育者も小さな安全基地となるために，次の点に留意しましょう。
①保育者が，現実的・常識的基盤をもっていること。相手の不安定さに振り回されないために，自分の基準をもって安定していられるこ

とが大事です。同時に，自分とは異なる相手の考えや感情を受容し，理解しようとできることも必要です。
②保育者が，現実的にできることとできないことを考え，早めに具体的に伝えましょう。無理をすればできるような支援は，できないこととして考えましょう。年単位で，同じ支援をし続けられることが大切です。あとから「できない」と言われると，嘘をつかれたり見捨てられたりしたように感じられてしまうことがあります。
③保育者間でのコミュニケーションをよくしましょう。「〇〇さんは，やってくれたのに」「△△さんは，いいって言った」と言われると，保育者同士の関係も不安定になってしまいます。保育者が個人で支援をするのではなく，集団やチームで支援をするイメージをもちましょう。支援者同士の関係も安定していることが大事です。

支援のポイントは，支援者側の「安定」と「継続」です。

第8章 親としての成長を支える

1 親になるということ

1 準備のないまま"親になる"危うさ

　人生には，その立場になってみなければわからないこと，経験しなければ実感できないことがあります。結婚し，子どもを生み，育てることも，だれもが未経験からのスタートです。初めて"親になる"人にとって，新生児との生活は，どう感じられるのでしょうか。

　0～3歳までの子どもをもつ親を対象とした調査によると，全体の80％以上の親が「子どもをもつ前にイメージしていた育児と実際の育児に違いがあった」と答えています。また，「赤ちゃんにどうかかわったらいいか迷うときがあるか」と尋ねると，4か月児をもつ親では41％，1歳半の子どもをもつ親では54％，3歳児をもつ親では63％が，「よくある」「ときどきある」と答えています。「育児に自信がもてないと感じる」の項目も，ほぼ同様の結果です。親の半数以上は，自分の子どもが生まれるまでに小さい子どもの世話をした経験のない人でした。

　親になるということは，絶対的に無力な存在としてのわが子を受け入れ，長い間，育てる役割を担っていくことです。それは，自分の生活スタイルや価値観を大きく変える出来事です。心の準備がないまま親になる人が多い今日，"親になる"ことを支える仕組みが不可欠です。しかも，それは子どもの発達に応じ柔軟に変化する仕組みです。

参考文献：原田正文『子育ての変貌と次世代育成支援―兵庫レポートに見る子育て現場と子ども虐待防止―』名古屋大学出版会

❷ 親になっていくプロセスとは

　人は，どのようなプロセスを経て，親として成長するのでしょう。親になっていくための発達課題を，以下に整理してみます。

〈第一段階〉婚姻期　新しい家族を作るパートナーを見つけ，親密な関係を作っていく。子どもとして育ってきた自分の家族から離れる。これが親になるための第一歩です。

〈第二段階〉準備期　新しい家庭を作り，そこで親密な夫婦関係を形成します。お互いの生活習慣や価値観の調整，期待する役割と実際に遂行できる役割のずれの調整等が必要となります。共に，親役割を担う準備期です。第一子出産を計画し，出産までの準備を進めます。

〈第三段階〉養育期　第一子出生後は，養護性（世話をする）と母性性の獲得，父母役割の取得が課題となります。乳幼児の健全な保育とそのための夫婦役割の分担，第二子以降の出産計画，子どもの教育方針の調整，保育の支援者やほかの父母との交流等の課題が出現します。

〈第四段階〉充実期　子どもの能力・適性に合わせた就学の保障と家庭教育の充実が課題となります。教育に加え，家族の余暇活動の拡大，住宅環境の整備など，大きな支出を伴う課題が浮上します。子の成長による親役割の再検討，子どもの養育が一段落した妻の再就職や社会活動への参加，夫婦関係の再調整など，家族として最も充実し，変化も大きな時期です。

〈第五段階〉分離期　子どもの経済的・情緒的自立に向けた援助や，その後の家族生活の調整が課題となる時期です。老親の扶養をめぐる夫婦間・親族間調整，子の成長による親役割の再検討，新たな地域社会活動への参加の検討など，子育て後の生活設計がおもな課題です。

参考文献：井村たかね『家族臨床心理学の視点　家族と結婚についての臨床心理学』北樹出版

第8章 親としての成長を支える

3 親としての成長

　親として，子どもが出すさまざまなサイン（言動）に隠された子どもの気持ち（真の意図）をくみ取り，応答するかかわりは，子育ての中核となるものです。他者の気持ちを感じ取り，共感する能力（情緒的応答性）は，子どもとのかかわりを通して高められていきます。

　同様に，物事を多面的に見る能力も，バランス感覚も，「正解のない子育て」を経験していくなかで開発されていくものです。

　親自身，子どもを育てる営みを通して，自分が人として成長・発達していることを感じます。柏木らの研究によれば，「親になる」ことによって，次のような成長実感があることがわかっています。

①柔軟さ：考え方が柔軟になる，他人に対して寛大になる，精神的にタフになった，度胸がついた
②自己抑制：他人の立場や気持ちをくみ取るようになった，人との輪を大切にするようになった，自分本位の考えや行動をしなくなった
③運命・信仰・伝統の受容：人間の力を超えたものを信じるようになった，物事を運命だと受け入れるようになった，伝統や文化の大切さを思うようになった
④視野の広がり：一人一人がかけがえのない存在だと思うようになった，日本や世界の将来について関心が増した，児童福祉や教育に関心をもつようになった
⑤生きがい・存在感：生きている張りが増した，自分がなくてはならない存在だと思うようになった，子どもへの関心が強くなった
⑥自己の強さ：自分の立場や考えはちゃんと主張しなければならないと思うようになった，自分の健康に気をつけるようになった

参考文献：柏木恵子，若松素子「『親になる』ことによる人格発達：生涯発達的視点から親を研究する試み」『発達心理学研究』第5巻1号

Part 3 ──開発的な取り組み

❷ 共に成長する親同士の関係づくり

1　グループで育つ親支援プログラム

　かなり早い時期から，子育てを支えるプログラムを展開してきた先進国のひとつがカナダです。0歳から就学前までの小さい子どもをもつ親，一人親や経済的に苦しい親，恵まれない環境に育ち，十分な教育を受ける機会がなかった親，社会的に孤立しがちな親などに，親としての自信をつけるためのプログラムを実施しています。それは，児童虐待防止の保護者向けプログラムとしても成果を上げています。

　「大人も子どもも，だれも完全な人はいません。日ごろ困っていること，思っていることを，一緒に話し合ってみませんか。お互いの経験やアイデアを分かち合ってみませんか」……。そんな呼びかけで始まる参加型のプログラム「Nobody's Perfect」です。

　このプログラムでは，参加する一人一人の親が大切に尊重され，親同士がお互いに支え合う体験を重視します。親としての自信と自尊心を高め，子育てにおける孤立感をなくすことが目標です。

　気づきや洞察を深める問いかけが重要とされ，①自分自身の価値観と生活体験が認められ，尊重される，②何を学ぶか，何を試みるかの決定権は，自分自身の内にあると感じられる，③新しい方法，新たな行動を自由に試してみることができる，④お互いに支え合っているグループに入っていると実感できる，の4条件が前提です。

第8章　親としての成長を支える

　「問いかけ」は，参加者が体験の意味を理解し，自らの行動や考えの幅を広げる機会をもたらす重要なかかわりとなっています。このプログラムのカギを握る一連の問いかけは，「経験学習サイクル」と呼ばれ，「出来事」「事実を確認する」「意味を考える」「次にどう生かすか」の4つのプロセスから成り立っています。

> ①出来事：日常生活における体験のなかから，1つの出来事を取り上げるよう問いかける。
> ②事実を確認する：その出来事が，どのような場面でどのように起きたかを具体的に思い起こし，整理するよう問いかける。
> ③意味を考える：事実の確認によって得られた気づきをもとに，それがもつ意味を明確にする問いかけをする。
> ④次にどう生かすか：自らの感情とその意味を意識できるようになったら，それを今後の生活にどう生かすかに焦点を当てた問いかけをする。

　こうした問いかけは，訓練されたファシリテーターが行いますが，彼も一人の親として自分と向き合い，親のありようを評価せずに受け止めるよう求められています。メンバーが安心して答えられるよう，守秘の確認など，安全な場を維持する役割も担っています。
　従来の教育モデルと異なる点は，「教える人がいない」ところです。こうした参加者中心型学習モデルでは，プログラムに参加した全員が，それぞれエンパワーされ，同時にグループとして支え合い，認め合うきずなが形成され，共に成長する実感が得られることが大切です。
　以上，親支援プログラムの1つを紹介しましたが，これからの子育て支援，親支援の重要な手がかりが，ここにいくつもあります。

参考文献：子ども家庭リソースセンター『Nobody's Perfect　活用の手引』ドメス出版

Part 3 —開発的な取り組み

２ 親も育ち合い，支え合う子育て支援を

　親として子育てに力を注ぐ期間は，長いようで意外に短いものです。乳幼児期から学童期，思春期までと考えても十数年です。

　加藤は，中学・高校生の子どもをもつ保護者を対象として，乳幼児期から思春期までの成長についての調査をしていますが，そのなかで乳幼児期の子育て支援の経験が，その後の子どもの育ちを豊かにしている状況を明らかにしています。乳児期に，「子どものことで困ったとき，身近な人に相談した」「一緒に子育てする仲間がいた」と答えた人は，幼児期になると，他児との遊びや外遊び，親子遊びなどを積極的に行っており，親子のかかわりが豊かでした。また，幼児期後期には「グループで遊んだ」「家族で自然のなかに出かけた」，小学校時代には「地域の活動や子ども会を楽しんだ」というように，子育て仲間と交流しながら，共に成長していく傾向がうかがえます。

　最初の１か月，１年といった密度の高い子育て期に，同じ悩みを共有し，支え合いながら成長する仲間に出会えた親たちは，その後の子育てにおいても，必要なサポートを提供し合いながら成長しています。思春期相談でも，保育所・幼稚園の保護者のつながり，学童クラブでの保護者のつながりが，子どもとの距離が離れていく思春期・青年期の子育て家庭を支える力になっているといいます。

　子育てに自信がなく，いちばん心細い時期に出会った仲間が一生を通じてのサポーターになれば，子育て支援における保護者同士の関係づくりは，さらに重要な意味をもちます。子どもも親も育ち合える養育環境づくり，地域づくりが，いま最も積極的な子育て支援策なのです。

参考文献：加藤邦子，飯長喜一郎『子育て世代，応援します！』ぎょうせい

第9章　子育て支援に生かす構成的グループエンカウンター

1　SGEとは？
よりよい理解のために

　人間関係づくりに有効な構成的グループエンカウンターを保護者会でも活用したいというニーズが高まっています。構成的グループエンカウンターを導入すると，ホットな楽しい雰囲気のなかで保護者同士が親しくなり，ともに活動したり悩みを打ち明け合ったりするネットワークづくりにつながるからです。その構成的グループエンカウンター（Structured Group Encounter：略称SGE）について紹介します。

1　SGEの意味

　エンカウンターとは「出会い・出会う」という意味です。何に出会うのでしょう。何となくぼんやりしていた自分のホンネを意識し，それに出会うのです。ホンネとは，いまここでの体感のことです。「初めて子育て支援の研修会に参加したけれど，どんなことをするのだろう。心配だ」「参加者に知っている人がいて声をかけられほっとした」など，そのときの「あるがままの自分」です。そのホンネとホンネを表現し交流することで，グループ内にお互いの気持ちをわかり合う受容的であたたかなふれあいの情（リレーション）が生まれます。

　では，「構成する」とはどういうことでしょう。「条件をつける・枠を与える」ということです。SGEでは「メンバー（参加者）」「エクササイズ（課題）」「グループサイズ」「時間」という枠を設定します。人は限られた枠のなかのほうが，自由に自己表現できるのです。枠を

Part 3 ──開発的な取り組み

与え構成することで効率的にSGEの目的を達成していくのです。

2　SGEの目的やめざすもの

　SGEには「ふれあい」「自己理解・他者理解」「人間的成長」という3つの目的があります。

　ふれあいとは「ホンネとホンネの交流」のことです。SGEでは自己のホンネに気づきそれを率直に自己表現し，グループに受け入れられる体験をします。そこにリレーションが形成され，さらに安心してホンネとホンネの交流ができるようになるのです。ふれあいのあるところで，人は自己の居場所を感じ心癒されるのです。

　SGEでは同じエクササイズをしても，人によって表現の仕方や感じ方が違います。SGE体験で人との異同を比較し，いままで気づかなかった自己を意識します。それが自己理解です。自己理解とは，「自己への気づき」のことです。胸にぐっとくる気づきや「目から鱗が落ちる」ような気づきができたら最高です。また，自己盲点（周りの人は気づいているのに，自分では気づいていない）に気づくことも自己理解です。

　例えば，だれかが「下の子が生まれたのですが，3歳の娘が"足が痛い，足が痛い"と言ってハイハイするようになってしまい歩かない。困っています」と悩みを打ち明けたとき，「アッ，私も似たような経験がある。赤ちゃん返りというのではないかしら。悩んでいるのは私一人ではない」と他者を通して気づきが起こり，自他理解が深まります。また，「この会に乳飲み子を連れて参加するのは気が引けて，迷ったけれど，何人もの人から"かわいいわね，何か月？"と声をかけてもらいほっとしました。いまは参加してよかったと思っています」

参考文献：國分康孝『エンカウンター』誠信書房
　　　　　片野智治『構成的グループ・エンカウンター』駿河台出版

第 9 章　子育て支援に生かす構成的グループエンカウンター

と言う人に,「なるほどそうか, 私は声をかけられなかったけど, そうやって自分から声をかけ人に接していけば, 相手は安心するんだ。今度はやってみよう」と気づき, 行動が変わるきっかけになります。

SGE でいう人間的成長とは行動（思考・感情）が変容することであり, 意識して行動できるようになることです。

さらに, SGE には次にあげる 6 つのめざすものがあります。

> ①自他理解
> ②自己受容（他者受容に通じる）
> ③自己表現・自己主張
> ④信頼体験
> ⑤感受性の促進
> ⑥役割遂行

これらは SGE の目的達成につながるためのエクササイズのねらいです。このいずれかが各エクササイズの内容に沿った形でより具体的に表現されます。

例えば,「共同絵画」では「非言語で共同画を仕上げることによって, 自分のなかに起こってきた感情に気づく, 非言語による感受性を促進する」となります。

3　SGE の特徴

ほとんどの SGE では, 首から「ペンネーム」をさげて活動します。

なぜペンネームなのでしょう。これは, 背景に「自分の人生の主人公は自分である」という実存主義の思想があるからなのです。自分で自分に名前をつけることで, 親の願いやほかの人の期待から自己を解放し, 自分が自分らしく動くのです。

人の人権を侵さない限り,「ありたいあり方」ができるようにペンネームをつけます。「ひまわり」「青空」「みどり」などさまざまな思

いを自分のペンネームに託します。宿泊を伴う体験ワークショップでは，お風呂に入るときと寝るとき以外はこのペンネームをはずさないというルールがあります。「ありたい自分」になりきるためです。

また，SGEは"自己開示に始まって自己開示に終わる"といわれます。それほど「自己開示」は重要です。「自己開示」とは「自己を語ること」ですが，まずは自己を見つめ「いまここでの」自己（ホンネ）に気づかなくては語れません。ホンネに気づいたら，グループのなかでそのホンネを開示するのです。抵抗を感じてもそれを乗り越え勇気を出して自己開示することを勧めます。新たな自己に出会い，人間的成長につながる可能性があるからです。

「未完の行為の完成」というSGEの主要なエクササイズがあります。これはかなり深い自己開示を求めるので，メンバーの抵抗も大きいのですが，それを乗り越え受容的なグループのなかで自己開示することで，その後の人生が「生きやすくなった」「人とのかかわりがスムーズになった」などが報告されています。

でも，そのとき自分は自己開示しなかった，という人も，メンバーの自己開示を聞いているだけで「それは大変だったろうな。そんな辛いことをよく語ったな」と感動し，「次の機会には自分も語ってみよう」と勇気づけられたりします。そして，その人たちもやはり，自己への気づきから行動変容が見られ，人との接し方が改善されるようです。

このように，SGEでは自己開示を求めつつも語るかどうかは本人次第であり，語らなくてもグループの力が自他理解（自他受容）を深め，よい人間関係づくりを促進するのです。

第9章 子育て支援に生かす構成的グループエンカウンター

2 SGEの進め方は？
リーダーの役割，メンバーの役割

1 方　法

　SGEを実施するとき，リーダー（SGEを引っ張っていく人）が必ず行う4つの原則があります。

インストラクション　SGE導入時に行います。エクササイズ名・それをやるねらい・やり方・留意点等をメンバー（参加者）に説明します。短時間で要点をわかりやすく伝えることが大切です。また，このときリーダーが実際にやってみせる「デモンストレーション」も欠かせません。それを見てメンバーはやり方を理解したり，自己開示的リーダーの立ち居振る舞いに親近感を感じたりします。

エクササイズ　グループで行う課題のことですが，後のシェアリングの誘発剤です。リーダーはメンバー同士が段階的にリレーションを形成し，抵抗なくSGE体験ができるようなエクササイズの構成を考えます。そして，グループの状態によっては，いま必要なエクササイズに変更する柔軟性も必要です。グループをエクササイズに合わせるのではなく，グループにエクササイズを合わせるのです。

シェアリング　エクササイズをして「感じたことや気がついたこと」を小グループで率直に話し合います。このとき，メンバーは"私は……と感じた"というようにアイメッセージで語ります。SGEというとエクササイズを中心に考えがちですが，むしろこのシェアリングが

Part 3—開発的な取り組み

大切なのです。相互の気づきを率直に自己開示し合うことで自己理解や他者理解が促進され，人間的成長につながります。

介入 メンバーがインストラクションや指示どおりにやっていなかったり，他者を傷つけるような発言があったりしたとき，リーダーはすかさず割って入り軌道修正をします。そして，目的が達成できるよう働きかけます。ですから，リーダーはメンバーの様子をしっかり観察していることと，メンバーに遠慮することなく自信をもって介入する気概をもつことが必要です。この適切な介入がメンバーのリーダーへの信頼につながり，依存の対象となります。このとき，カウンセリングの理論を知っていると，より理にかなった対応ができます。リーダーをめざす人は，ぜひカウンセリング理論を学ぶことです。SGE提唱者の國分康孝は，なじんでおくとよいものとして，「ゲシュタルト療法」「精神分析理論」「自己理論」「行動理論」「交流分析」「論理療法」「内観法」をあげています。

　最後に，メンバーにも守るべきいくつかのルールがあります。「守秘義務」は当然ですが，「リーダーに従う・人を傷つけるような発言はしない」ことも大事です。SGEは教育的側面があるので，目的達成のためにこのような現実原則を打ち出します。自他理解の幅を広げるための「ペアリング（いつもグループが固定化してしまう）を避ける」，肩書きをはずしメンバーが平等な立場でエクササイズやシェアリングをするという意味での「時間の管理（時間を守る・時間を独占しない）」も大切なルールです。

　SGEでは，4つの原則を遂行するリーダーとこれらのルールがあってこそ，メンバーは安心して自己を見つめ自己開示できるのです。

参考文献：國分康孝監修『エンカウンターとは何か』図書文化社
　　　　　國分康孝・國分久子総編集『構成的グループエンカウンター事典』図書文化社

第9章　子育て支援に生かす構成的グループエンカウンター

❷ エクササイズの紹介

　これから大人を対象としたジェネリックSGEの2つのエクササイズを紹介します。まず「インタビュー」ですが，これは対象の幅が広く，大人だけでなく小学生でもリレーション形成に有効です。私も好きな「肩もみ・肩たたき」は，職員研修や保護者会で好評です。『構成的グループエンカウンター事典』には，このほかにもたくさんのエクササイズが紹介されているので，ぜひ参考にしてください。

「インタビュー」	
ねらい	○相互に関心をもち合い，質問するということで好意の念を相手に伝える。相手を知る。
インストラクション	「これから，自分が相手について知りたいことをどんどん質問します。質問することによって『あなたに関心をもっています』という好意の念を伝えるのです。時間は2分間です」 「質問は表面的なことだけでなく，内面に迫るようなことも聞けるといいですね。相手の服装や趣味の内容は相手から遠くなるので避けましょう。答える人は聞かれたことにだけ答えてください。もし答えたくなかったら，『パス』と言い，いまは答えたくないことを伝えます」 「初めにリーダーがやってみます。みなさん，何か私に質問してください。だれか時間を計ってください」（自己開示的に答えてデモンストレーションをする）
エクササイズ	・二人一組になり向かい合って椅子に座る。 ・聞き手（インタビューする人）と話し手（インタビューされる人）を決める。 ・聞き手は，指定された時間内で相手に質問する。答えを聞いたらまた次に質問を続ける。 ・時間がきたら役割を交代する。
シェアリング	「相手のことをどれくらい理解できましたか。よくぞ聞いてくれましたという質問はあったでしょうか。感じたことや気がついたことを二人で話し合ってください。くれぐれも，エクササイズの続きをしないでくださいね」

Part 3 —開発的な取り組み

介入	・シェアリングが，それまでのエクササイズの延長になってしまうことがよくある。そういうときは，「エクササイズをして感じたことや気づいたことについて話し合うのです」と介入する。

「肩もみ・肩たたき」

ねらい	○甘える・甘えさせる（甘えられる）という体験を通してリレーションを形成する。
インストラクション	「これから二人一組で肩もみ・肩たたきをします。お互いに自分の親愛の情を伝え合うことと，甘えたり甘えさせたりすることがねらいです」 「順番が決まったら，やる人はもむ場所や強さ，やり方などを聞きながら進めてください。してもらう人もいろいろ要求し思いきり甘えてください」 「甘え下手で甘えん坊にはマイナスイメージをもっていた私は，このエクササイズをして，甘えることの心地よさと，高熱の私を優しく看病してくれたときの母のぬくもりを思い出しました。幼少期の母への甘え体験に気づき，甘えることもOKと受容できた私にとって，意義深いエクササイズです（自己開示）」
エクササイズ	・二人組になって順番を決める。 ・片方が相手の肩をたたいたりもんだりする。してもらう人は「もっと強く」「腕のほうも」とかいろいろ要求する。 ・時間がきたら交代する。
シェアリング	「相手に思いっきり甘えられましたか。相手を十分甘えさせることができましたか。エクササイズで感じたことや気づいたことについて，二人で3分間話し合ってください」 「今度は，近くのペアと四人組になり，二人で話し合ったことを発表してください。時間は5分間です」
介入	・身体接触を伴うので，抵抗がある人には無理をさせない。「パスしたい人は正直に言ってください」と介入する。相手がエクササイズできないことに罪障感をもたないよう，SGEは人に合わせるものではないことを伝える。 ・パスされた人にも，相手は身体接触に抵抗があり，あなたを嫌がったわけではないと伝え，あきらめてもらう。

第10章　親の会へのサポートの実際

1 親の会の運営

　保護者を対象とした「親の会」などの心の支援をめざした具体的な運営を紹介します。集まった保護者同士がよい関係をつくるとともに，不安やストレスに負けない，強くてしなやかな心を育てる取り組みです。

1 「親の会」運営における心の支援

　保育現場では，クラス別，年齢別，園全体で，父親・母親を，祖父母を……と，いろいろな形で保護者を保育現場に集めます。保護者同士のよい関係をつくり，保育現場での子どもの姿を理解してもらい，保育者と保護者の関係をつくるといった目的をもって「親の会」が運営されています。

（1）新学期に開催される会

　入園式後や新しいクラスがスタートしたときの保護者会は，保護者同士のよい関係をつくり，子育ての楽しさを共有する「出会いの場」として開催します。保育者との出会いの場の意味もあります。

　運営の留意点としては，なじみのない人たちの出会いなので，個人的な深い内容にはふれずに，お互いを知り合うことに主眼をおきます。自己紹介や簡単なふれあいゲームなどを取り入れ，無理なかかわりを避ける工夫が必要となります。

（2）学期途中で開催される会

　土曜日に保育参観をしたあとに保護者同士が集まる機会を設けたり，

Part 3—開発的な取り組み

父の日などの記念日を利用して家族が保育現場で集える機会をつくったり，遠足などで同じクラスの家族とふれあったりといった集まりです。保護者同士に仲よくなってもらうことに加え，それぞれの会の目的があります。例えば父親参観では，「日ごろ言えない感謝の気持ちを父親に伝える」といったねらいが付加されます。

このような会では，保護者の方々に「どのような体験をしていただきたいか」といった目的をしっかりもって運営することが必要です。そして，保育現場に参画することが楽しくて意義のあることだとわかってもらえるような配慮と工夫が必要になります。「楽しい体験」「保護者同士の関係を深める」というのがキーワードとなるでしょう。

（3）1年のしめくくり期に開催される会

この会は，特別な意味をもちます。1年間の自分の子育てを振り返り，わが子の成長を確認し，子育てを共に共有した仲間の保護者と共に，自分の子育てを分かち合うといった目的があるからです。このような会の運営は，楽しさよりも，じっくりと振り返りができるような場の設定や，話題の工夫が必要となるでしょう。また，保育者自身も自分の保育を振り返り，自己開示を交え，子どもたちの成長について語るなど，会の運営を深めていく工夫が必要になるでしょう。

2 構成的グループエンカウンターを活用した運営

保護者を集めて会を運営する基本的なねらいは，「保護者同士のよい関係づくり」，子育て仲間づくりです。このような，集団の人間関係を楽しく簡単につくる方法として，9章でご紹介した構成的グループエンカウンターが有効です。「親の会」で役立てることができる構成的グループエンカウンターを，いくつか紹介します。

第10章　親の会へのサポートの実際

（1）構成的グループエンカウンターを活用したセミナーのねらい

　ふれあい体験：子育てをする仲間と出会い，子育ての楽しさ・苦しさなどの感情に互いにふれあい，子育ての仲間との関係をつくります。

　広義の「自他理解」の促進：仲間の子育てからヒントを得たりすることで，自分の子育てを振り返り，理解します。自己の生き方を確認，自己盲点を発見，自分の子育てのよいところを発見します。

（2）学期始めや入園間もないときのエクササイズ

①ペンネームづくり：心的な外傷を防ぎ，退行を促し，セミナーへの参加意欲を高めるために，ペンネームをつくります。

②いろいろ握手：指先を合わせたり，しっかりと握手をしたり，両手で握手をしたりなど，いくつかの握手で相手との関係をつくります。

③バースディーライン：言葉を使わずにジェスチャーやアイコンタクトなどを使い，自分の誕生日を表し月日順に輪になり並びます。

④質問じゃんけん：二人組で数分間じゃんけんをし，勝ったほうが質問を1つし，負けたほうが答えることを繰り返し相手を知ります。

（3）学期途中で保護者の関係をさらに促進するときのエクササイズ

①他者紹介：質問じゃんけんをした二人組がもう1組と組んで4人で自分のペアを紹介し合います。

②二者択一：他者紹介で一緒になった四人組をまた2つ合体して8名のグループをつくります。そして，違った価値観を示す2つの言葉から1つ選び，その理由をグループ内で一人ずつ順番に発表します。
　例：社長VS副社長，時間VSお金，急行列車VS各駅停車

（4）一年または卒業前に関係を深めるときのエクササイズ

①私は私の子どもが好きです。なぜならば：二者択一同一メンバーで続行します。「私は私の子どもが好きです。なぜならば○○だから

です」と各自が自分の子どもの好きな面を発表し合います。

②別れの花束：背中に紐の付いた紙を背負い，そこに感謝の言葉を書き合います。出会ってきた子育て仲間としての保護者や保育者に感謝の気持ちを贈り，自分もほかのメンバーからもらうのです。

（5）実施上の留意点

自分のことを語るとき，軽くて浅い内容からしだいに深い内容に進めることが重要です。また，自己洞察や内観といった，自己を深く見つめるようなエクササイズは控えます。不用意な深いかかわりは心的外傷につながるからです。心がけたいことは，「自分を肯定し受容すること」「人とのふれあいを楽しいと感じること」に焦点をしぼり，ホンネを言える仲間と場所をつくれるように無理をさせないことです。

3　心理教育を取り入れたセミナー

保護者の心を育てるためのセミナーを開催している現場もあります。ねらいは保護者の「自他理解」「子ども理解」を強めることです。

このようなセミナーでは，次のようなトピックが取り上げられます。

①子どものコミュニケーションの発達
②親同士のコミュニケーションに生かすカウンセリング（カウンセリングの基本技法の習得）
③自分を知る（エゴグラムなどの活用）

こうした心理教育は，自分の心と向き合うことで効果もありますが傷つくこともあります。心的外傷の予防としては，多くのトピックを入れないことです。また，負担の軽減を考え数回の連続形式にしたり，守秘義務を指導するなど細心の注意が必要です。

第10章 親の会へのサポートの実際

2 子育ての仲間をつくる
ピアサポートの推進

1 ピアサポートの実際

　同じ問題を抱えた者同士が問題を分かち合うことで，お互いの心を援助することがピアサポートです。例えば，子育て真っ最中の母親が企画者となり，仲間の母親とのサークルをつくるというものです。

　自主グループの母親や父親が集まり，仲間集めのための「会」の企画を立て，チラシなどを自分たちでつくり一般の保護者に配布し，施設の玄関など目立つところにおいて自由な参加を呼びかけます。インターネットを利用して機関紙まで発行しているグループもあります。「会」の開催回数は，年数回のものから毎月1回というものまであります。開催場所も保育施設の部屋を借りる，公民館などを利用する，公園などを活用するなど工夫が見られます。

　保護者同士の仲間をつくり，子育てを共有するために，一緒に遊んだり，おやつを作ったり，お互いの子育てについて語り合ったりと内容も豊富です。最近，カウンセリングを学び合ったり，構成的グループエンカウンターや心理教育を取り入れるグループも増えてきました。

　保護者の自主的な取り組みですが，このような仲間づくりを支える人が必要になります。「母の会」「PTA」といった，すでにできているグループを子育ての仲間，仲間を支援するサポーターの輪として積極的に育てることもできます。初めは，保育者や母の会のリーダーが

介入して行い，保護者のネットワークができてきた時点で脇役に回ります。保護者の自治が形成されるようなサポートが必要でしょう。

❷ ピアサポーターの育成

　ピアサポーターとはピアサポートを推進する保護者のことです。「子育て支援を積極的に推進する人材育成」という名目で，公募で参加者を集めているケースが多いようです。参加者は子育て真っ最中の人，子育てがひと段落した地域の人と，応募も幅広いようです。

　ピアな関係であっても支援するという視点を重視して，カウンセリングの学習を取り入れることが多いようです。「カウンセリングの基本技法」の傾聴をロールプレイで行ったり，構成的グループエンカウンターの進め方を学んだり，子どもの発達を学んだりします。保育者とカウンセラーが身につけるべき，本書にあるような基本的内容です。

　ピアサポートはあくまで「子育て」という共通の目的で出会う仲間関係が基本です。親身になりすぎて家族の騒動に巻き込まれたり，個人的に依存されたりと同じ仲間だからこそ起こる問題もあります。そこで，サポーターやネットワークの育成では以下の留意点を伝えます。

①自己開示（ホンネを言う）を強要しない
②自分も無理に自己開示しない
③私的になりすぎない（お金を貸す，家まで行って手伝うなど）
④ルールをもつ（自分の生活のなかでできる範囲に留める）
⑤役割以外のことはしない（頼まれないことまですることがトラブルのもと）

第11章 保育者として自分と向き合う

1 保育者同士の関係

1 職場の人間関係

　私たちは一個の保育者ですが，職場という組織の一員でもあります。ここにはやはり，人間関係の問題も起こりえます。「上司はちっともわかってくれない」「若い先生は何を考えているのかわからない」という言葉を聞くことも少なくありません。そこには，年齢差からくる違いから，保育方法や保育観の違いもあるでしょう。互いに競争の意識も働きます。閉ざされた社会のなかでは，一度人間関係のパターンができてしまうと変わりにくいということもあるようです。

　このようななかでは，保育や保護者への対応でうまくいかないとき，解決の糸口も見つけにくくなります。一人で背負い込むことにもなりかねません。職場の人間関係のよさと保護者対応のスムーズさには関係もあるようです。子育て支援の成果をより上げるためにも，職場の人間関係づくりを心がけたいものです。

2 個性と役割

　エリクソン（Erik H.Erikson）は，それぞれの年齢段階に発達課題を見いだしていますが，中年期の課題に「養育性」というものをあげています。養育性とは，自分のもっているものをいかに周囲の人や次の世代にあげられるかということです。

参考文献：エリクソン（著），仁科弥生（訳）『幼児期と社会』みすず書房

Part 3 — 開発的な取り組み

人は，人に何かをあげると，必ず何かが返ってくるように思います。「ありがとう」という言葉かもしれないし，その人の成長を見ることで，また何かが見えてくるかもしれません。それがまた，こちらに自信と生きがいをくれるでしょう。小さい子どもや保護者とかかわる保育者は，年齢がいくつであれ，この課題をみんなもっているように思います。

そして保育者は，年齢も個性もさまざまです。二十代なら二十代のよさが，四十代なら四十代のよさと役割があるでしょう。やわらかな母性的な人や，きびきびと筋を通していくタイプの人など，個性が違う人同士の混合だからこそ，組織は臨機応変によい方法を見つけていけるのです。年齢や性別や個性が異なるからこそ，それぞれの人の果たすべき役割があります。互いの個性や役割は認め合っていきたいものです。

❸ 聴き合う関係づくり

保育者同士の関係においても，受容と共感をベースにすることには変わりありません。互いに「聴き合う」関係をつくることが大切です。

また，ある程度自己開示ができるということも大切だと思います。保育者は責任ある指導的な立場に立つ職業ですから，常に言動には注意を払っています。そのことが自分の鎧を堅くしてしまうことも出てきます。でも人は，相手が心を開いて弱みや内面を見せてくれると，安心して自分も心を開き，その人とかかわろうという気持ちが出てきます。何かトラブルが起きても，一緒に考えようという気持ちにもなれるでしょう。一人一人のこのような姿勢が，職場全体の雰囲気をもつくっていくのです。

第11章 保育者として自分と向き合う

2 自己と向き合う

1 自己と向き合う

　小さい子どもは，まるでこちらを映す鏡のようです。心からの愛情を示すと，ほんとうにうれしそうに笑ってくれます。でも，こちらに余裕がなかったりほかのことで頭がいっぱいだったりすると，暗い顔をしたりわざと悪いことをしたりします。保護者と接するときにも同じことがいえるでしょう。人を相手にする職業は，自分を映し出してくれるという意味でもいい職業ではないかと思います。

　自己と向き合うということは，保育者にとっても大切なことですが，そう簡単なことではありません。私たちはだれしも，自分につらいことは避けようとします。「なぜあんなことを言ったのか」相手に問われれば，とっさに上手な言い訳も出てきます。相手のせいにするかもしれません。自分の嫉妬心や攻撃性などには，気づかぬふりもするものです。保育者自身が自身の親との関係にしこりをもっていることもあるでしょう。でも，私たちはそんなことで，いつまでも目をそらしているわけにもいきません。私たちはみんな，もともと成長しよう，変化しよう，自己を高めようとする志向とエネルギーをもった存在なのです。

　子どもとうまくいかない，保護者とうまくいかない，職場の同僚とうまくいかないというときには，自己を見つめ直すいい機会かもしれ

ません。職場の身近な人にでも「どうしてかな」と心を吐露してみましょう。案外いい言葉をもらえるかもしれません。ほっとして肩の力が抜ければ，保護者への眼差しもあたたかいものになるでしょう。

　でもいっぽう，どんなにがんばってもできないこともあります。保護者に思いが通じないまま子どもが卒園，ということもあるのです。私たちにはできないこともあるのだという限界を直視しなければなりません。保護者と子どもの未来を信じながら，現実に耐えていく強さももたなければならないということでしょう。

　いずれにしても，自己を意識化することはとても知的な作業です。周囲にいる子どもや保護者，同僚にもこんな姿勢は伝わります。これも広い意味で教育ですし，周囲の人々の人間としての力を上げることに貢献していくのだと思います。

❷　仲間をつくる

　自己と向き合いそれを意識化するには，やはり相手が必要です。「人」を変えるのは，やはり「人」なのです。友人をつくりましょう。鏡となってくれ，受容と共感をもち合える仲間をつくりましょう。

　仲間をつくるには，ただ待っていてはできません。まず，自分がだれかに，受容と共感をあげることから始まります。相手に心を開き，ちょっとにっこりしながら「大変ですよね」と声をかけてみましょう。人を支援するために私たちは，私たち自身のことも大事にしなければいけないのだと思います。

さくいん

◆◇あ◇◆

愛　36, 37
愛着　11
相づち　41
相手の世界　67
アスペルガー症候群　95
アドラー　22
アドラー心理学　22
あなたメッセージ　46
居心地のよい関係★　69
いじめ　52, 67
依存欲求　11
居場所　36
イラショナル・ビリーフ　32
インストラクション　128
インタビュー　130
うそ　52
うつ病　109
うなずく　41
ADHD（注意欠陥多動性障害）　92
エクササイズ　128, 134
エゴグラム　29
エス　19
エディプス・コンプレックス　21
エリクソン　34, 138
エリス　32
LD（学習障害）　90
応答　40, 41
オペラント条件づけ　31

親との時間★　59
親の会　132
親の気を引く　53

◆◇か◇◆

解決志向ブリーフセラピー　34
外見　39
介入　129
カウンセリング　9
カウンセリングの技法　37, 38
鏡になる　43
学習理論　30
肩もみ・肩たたき　130
カタルシス　43
過保護★　54
感覚の過敏性　95
観察　48
感情　43, 45
感情表現の少なさ　59
聴き上手　40
聴く　40, 63
聞く　63
危険★　57
気分障害　108
気持ち　45
気持ちの確認★　62
虐待の発生予防　86
虐待リスク　83
脚本　29
共感的理解　16

注）★の項目は，本文中に同一の表現は出現しないが，相当する内容について記述されている部分があることを示している。

共同体感覚　25
協力　25
拒否という形のコミュニケーション　60
繰り返し　42，43
経験　16
経験学習サイクル　122
経験の違い★　67
傾聴　17，40
軽度発達障害　72
ゲーム　29
限界設定　78
幻覚　107
元型　26
言語的技法　38
現実　66
高機能自閉症　95
貢献感　25
構成的グループエンカウンター　124，133
行動だけを見るな，感情・考え方・受け取り方をつかめ　47
行動療法　30
交流分析　28
心の交流　36
個人心理学　22
個人的無意識　26
子育て支援　6，7，37
ことばじりをつかまえるな，感情をつかめ　47
子どものうそ★　52
子ども理解　135

困った話　68
コミュニケーション　49
コミュニケーションをとろうとしないのもコミュニケーション　60

◆◇さ◇◆

サービス　57
サティ　37
サポート　57
参加者中心型学習モデル　122
シェアリング　47，128
自我　19
自我状態　28
自己一致　16
自己開示　46，127，139
自己概念　16
自己理解・他者理解　125
自他理解　134
実存主義の思想　126
質問　44
児童虐待防止法　74，82
自分の価値観や意見　67
自分の気持ち（感情）　43
自閉症　94
集合的無意識　26
受容　41
純粋性　16
情緒的応答性　80，120
衝動性　93
小児科医ケンプ　86
所属感　25
所属欲求★　23

143

進行性筋ジストロフィー　99
人材育成　137
スキル　38
スタイル　49
ストローク　28
精神疾患　104
精神分析　18
成長実感　120
成長の一つ　55
成長のプロセス★　55
成長力への信頼　17
接点　48
セミナー　135
そう病　109
尊敬　25

◆◇た◇◆

対人距離　39
態度の３条件　16
対話　63
ダウン症　97
他者指向性　36
多動性　93
楽しい話　68
多様な家族形態　73
父親参観　133
知的障害　96
知能指数（IQ）　97
超自我　19
低出生体重児　72
転移・逆転移　77
統合失調症　106

トークンエコノミー法　31
閉じた質問　44
ドライカース　23

◆◇な◇◆

内容の扱い方★　67
なおそうとするな，わかろうとせよ　47
日常的危機管理　78
二分脊椎　99
人間関係　65，69
人間関係で大切なこと★　65
人間的成長　125
ネットワーク　12
ネットワークづくり　124
脳性麻痺　98
Nobody's Perfect　121

◆◇は◇◆

パーソナリティー障害　114
パーソンセンタード・アプローチ　64
バーン　28
ハイリスク家庭　81，83
発達課題　119
発達性協調運動障害　91
話を聴くときの注意★　66
パニック障害　112
パニック発作　112
ピアサポーター　137
ピアサポート　136
非言語的技法　38
非指示的アプローチ　15

開かれた心　37
開かれた姿勢　37
開かれた質問　44, 45
ビリーフ　32
不注意　93
不適切な行動の4つの目的★　23
ブリーフセラピー　34
ふれあい　125
ふれあい体験　134
フロイト　11, 18
分析心理学　26
保育参観　132
保育者としての聴き方★　69
保育者としての対応★　69
保育者の影響力★　62
保育者の経験を生かす★　53
保育者の悩み★　51
保育者への気持ち★　61
防衛機制　19
保護者が親になるために育つ場　57
保護者との信頼関係　88, 100
保護者の傷ついた気持ち★　62
保護者の傷つき★　61
保護者の時間の使い方★　58
保護者を親として育てる過程　60
ホンネ　47

◆◇ま◇◆

無意識　18
無意識の意識化★　21
無条件の肯定的な配慮　16
メッセージ　39

面接時間設定の仕方★　51
面接時間を設定　49
面接のやめ方★　50
面接を拒否する保護者★　50
妄想　107
モデリング　31
問題行動　36
問題の発生の予防　37

◆◇や・ら・わ◇◆

勇気づけ　24
誘導する質問　44
ユング　26
ユング心理学　26
よい関係　68
よい関係でない関係★　68
養育困難　70
養育放棄　70
要支援家庭　81
予期不安　112
予測できる過程　55
来談者中心療法　14, 64
ラショナル・ビリーフ　32
リソース　35
リビドー　20
例外　34
レスポンス　40
レスポンデント条件づけ　30
ロジャーズ　14
ロス　37
論理療法　32
私メッセージ　46

◆編集者◆

石川　洋子（いしかわ　ひろこ）　文教大学教育学部教授。仙台市生まれ。日本女子大学大学院修士課程修了（家政学研究科児童学専攻）。東京成徳短期大学専任講師，文教大学女子短期大学部ライフデザイン学科教授を経て現職。子育て支援，母親支援をライフワークにしている。著書に『モデルのいない子育て時代』『人間発達学』（宣協社），『子育て支援に生かすカウンセリング』（理想書林），『保育内容総論』（大学図書出版），以上編著。『しつけ絵本』（主婦と生活社），『新しい家庭教育』（ミネルヴァ書房），『保育学』（建帛社），以上共著。

◆執筆者一覧◆

石川　洋子（第1章・第11章）（文教大学教授）
会沢　信彦（第2章）（文教大学准教授）
吉田　博子（第3章）（淑徳短期大学教授）
三國　牧子（第4章）（立教女学院短期大学学生相談室カウンセラー）
中原　美惠（第5章・第8章）（東洋大学教授）
霜田　浩信（第6章）（文教大学准教授）
井上　清子（第7章）（文教大学准教授）
別所　靖子（第9章）（埼玉大学非常勤講師）
冨田　久枝（第10章）（鎌倉女子大学准教授）

2008年6月10日現在の所属

子育て支援カウンセリング
―幼稚園・保育所で行う保護者の心のサポート―

2008年8月25日　初版第1刷発行［検印省略］
2024年1月20日　初版第15刷発行

編者……Ⓒ石川洋子
発行人……則岡秀卓
発行所……株式会社　図書文化社
〒112-0012　東京都文京区大塚1-4-15
TEL 03-3943-2511　FAX 03-3943-2519
振替　00160-7-67697
http://www.toshobunka.co.jp/
印刷・装幀……株式会社　加藤文明社印刷所
製本……株式会社　村上製本所

JCOPY〈出版者著作権管理機構　委託出版物〉
本書の無断複写は著作権法上での例外を除き禁じられています。複写される場合は，そのつど事前に，出版者著作権管理機構（電話03-5244-5088，FAX03-5244-5089，e-mail: info@jcopy.or.jp）の許諾を得てください。

乱丁・落丁の場合は，お取りかえいたします。
定価はカバーに表示してあります。
ISBN 978-4-8100-8521-1 C3037

子どもの心の成長を促し，保護者の心を支えるために

構成的グループエンカウンター事典
國分康孝・國分久子監修　A5判　本体：6,000円
120に及ぶ厳選エクササイズと，考え方・実践方法のすべて

エンカウンターで学級が変わる　ショートエクササイズ集 1・2
國分康孝ほか著　B5判　本体：①2,500円　②2,300円
15分以内にできる珠玉のエクササイズ集。小学生から大人まで。

実践！ソーシャルスキル教育　幼稚園・保育園
佐藤正二編著　B5判　本体：2,400円
幼児期に必要な対人関係能力を育てる。クラスでできる指導案つき

長所活用型指導で子どもが変わる 4　幼稚園・保育園・こども園
藤田和弘監修　熊谷恵子ほか編著　B5判　本体：2,400円
K-ABCに基づく，子どもの得意な知処理様式を生かす2つの指導案

新版教育カウンセラー標準テキスト　初級・中級・上級
NPO日本教育カウンセラー協会編　B5判　本体各：3,300円
カウンセリングを教育に生かすために必要な知識をコンパクトに

自分を好きになる子を育てる先生
諸富祥彦著　B6判　本体：1,500円
「自尊感情の低い子」「なげやりな子」の気持ちを受けとめ，導くには

とじ込み式　自己表現ワークシート 1・2
大竹直子著　B5判　本体各：2,200円
子どもがシートに書き込み元気を回復していく。パート2には保護者用も

体験型の子育て学習プログラム 15
亀口憲治監修，群馬県総合教育センター著　B5判　本体：2,000円
幼稚園から高校生の子をもつ親が集まって子育てを振り返る

図書文化

※定価には別途消費税がかかります